# KOMPLETNÍ PAMPELICKÁ KUCHAŘKA

Prozkoumejte divokou stránku kuchyně se 100 zdravými recepty z pampelišky

Pavla Hartmanová

Materiál chráněný autorským právem ©2024

Všechna práva vyhrazena

Žádná část této knihy nesmí být použita nebo přenášena v jakékoli formě nebo jakýmikoli prostředky bez řádného písemného souhlasu vydavatele a vlastníka autorských práv, s výjimkou krátkých citací použitých v recenzi. Tato kniha by neměla být považována za náhradu lékařských, právních nebo jiných odborných rad.

# OBSAH

OBSAH ............................................................................. 3
ÚVOD ............................................................................... 6
SNÍDANĚ ........................................................................... 7
   1. Pampeliška Frittata S Kozím Sýrem .................... 8
   2. Pampeliškové palačinky ........................................10
   3. Pampeliška Zelení S Pórkem A Vejci ....................12
   4. Pampeliška A Bramborový Hash ..........................14
   5. Pampelišková zelená omeleta ...............................16
   6. Snídaňový salát ze zelené pampelišky ..................18
   7. Pampeliška zelená snídaně Burrito .......................20
   8. Pampeliška zelená snídaně hash ...........................22
   9. Pampeliška zelená snídaně sendvič .......................24
   10. Salát z pampelišek ..............................................26
ČAJ ................................................................................ 28
   11. Čaj z květů pampelišky .......................................29
   12. červený Jetel A Pampeliškový čaj .......................31
   13. Echinacea & čaj z kořenů ....................................33
   14. Čaj z kořene pampelišky .....................................35
   15. Flashes Blend Tea ..............................................37
   16. Pampeliška a lopuch čaj ......................................39
   17. Detoxikační čaj z pampelišky a zázvoru ..............41
   18. Pampeliška-Mátový ledový čaj ............................43
   19. Detoxikační čaj z pampelišky a citronu ...............45
   20. Čaj z pampelišky a pomerančových květů ..........47
   21. Kořeněný čaj Pampeliška-Skořice .......................49
CHLÉB ............................................................................ 51
   22. Pampeliškový banánový chléb ............................52
   23. Chléb z květu pampelišky ...................................54
   24. Pampeliškový kukuřičný chléb ............................56
   25. Pampeliškový med pšeničný chléb ......................58
   26. Pampeliška A Cheddar Sýr Chléb ........................60
   27. Pampeliška citron makový chléb .........................62
   28. Pampeliškový ořechový chléb .............................64
   29. Pampeliškový žitný chléb ....................................66
SVAČINKY A PŘEKRMY ................................................ 68
   30. Energetické tyčinky z kopřivových semínek a květu pampelišky ......69
   31. Pampeliškové lívanečky ......................................71
   32. Plněné Hroznové Listy S Vykrmenou Zeleninou ..73
   33. Pampeliškové chipsy ..........................................75
   34. Pampeliška Pesto Crostini ..................................77
   35. Hummus pampeliška ..........................................79

36. Pampeliška Puffs .................................................................81
37. Pampeliška A Kozí Sýr Tartlets ...........................................83
38. Pampeliška A Slanina Bruschetta .......................................85
39. Pampeliška A Ricotta Plněné Houby ...................................87
40. Pampeliška A Feta Phyllo Trojúhelníky ................................89

## HLAVNÍ CHOD ................................................................... 91
41. Lasagne z pampelišky .......................................................92
42. Pampeliškové vaječné nudle .............................................95
43. Pampeliškové hamburgery ................................................97
44. Pampelišky A Brambory Se Sýrem ......................................99
45. Pampeliškové těstoviny Pesto ..........................................101
46. Pampeliška a houbové rizoto ...........................................103
47. Quiche z pampelišky .......................................................105
48. Pampeliška A Kozí Sýr Koláč ............................................107

## SALÁTY ............................................................................ 109
49. Pampeliškový salát s dresinkem z bobulí Açaí ..................110
50. Pampeliška A Chorizo Salát .............................................112
51. Pampeliškový salát .........................................................114
52. Salát z pečené pattypan squash ......................................116
53. Salát z rajčat, okurky, dýně a pampelišky .........................119
54. Salát z cizrny, rajčat a papriky ve sklenici .........................121
55. Zelená řepa, mrkev, salát z řepy a cherry rajčat ...............123
56. Rajčata, kuřecí maso, okurky, pampeliška salát ve sklenici .....125
57. Kuskus, kuřecí a pampeliškový salát ................................127
58. Pampeliškový těstovinový salát .......................................129
59. Zvadlé Pampeliška Zelení Se Slaninou .............................131

## POLÉVKY ......................................................................... 133
60. Pampeliška A Bramborová Polévka ..................................134
61. Humr A Pampeliška Polévka S Lívanečky ........................136
62. Pomalý hrnec veganský vývar z kostí ...............................138
63. Pampeliška A Cizrna Kari ................................................140
64. Krém Z Pampeliškové Polévky ........................................142
65. Hráškovo-pampelišková polévka z pupenů ......................144
66. Dýňovo-pampelišková polévka .......................................146

## DEZERT ........................................................................... 148
67. Jahodový Bavarois S Lopuchovým želé ............................149
68. Holandský Kukuřičný Koláč S Pampeliškou Zelení ............152
69. Dort z květů pampelišky ..................................................154
70. Pampeliška šifonové sušenky .........................................156
71. Sušenky z arašídového másla z pampelišky .....................158
72. Pampeliška Okvětní Lístek A Citronové Sušenky S Kale Citronové mrholení .....160
73. Křehké sušenky z pampelišky .........................................162
74. Pampeliška Baklava ........................................................164

75. Pampeliškový medový dort .................................................................... 166
76. Tyčinky z pampelišky a citronu ............................................................. 168
## KOMĚNÍ .................................................................................................. 170
77. Marmeláda z pampelišky ..................................................................... 171
78. Čerstvé pampeliškové pesto ................................................................ 173
79. Sirup z květů pampelišky ..................................................................... 175
80. Pampeliška želé s Medem .................................................................... 177
81. Pampelišková hořčice .......................................................................... 180
82. Pampeliška vinaigrette ......................................................................... 182
83. Pampeliškové želé ................................................................................ 184
84. Pesto z dýňových semínek z pampelišky ............................................. 186
85. Pampeliškové máslo s medem ............................................................. 188
86. Pampeliška Chimichurri ....................................................................... 190
87. Ocet z květů pampelišky ...................................................................... 192
88. Směs másla z okvětních lístků pampelišky ......................................... 194
## SMOOTHIES A KOKTEJLY ..................................................................... 196
89. Pampeliška Chai .................................................................................. 197
90. Pivo z pampelišky a lopuchu ............................................................... 199
91. Zahradní zeleninová šťáva .................................................................. 201
92. Smoothie s Pampeliškou A Bazalkou .................................................. 203
93. Pokoj Amaro ......................................................................................... 205
94. Artyčok List A Fenykl šťáva ................................................................. 208
95. Pikantní Ananas A Rukolou Mocktail ................................................... 210
96. Pampelišková limonáda ....................................................................... 212
97. Víno Bradbury Pampeliška .................................................................. 214
98. Mátově zelené malinové smoothie ...................................................... 216
99. Pikantní šťáva z pampelišky ................................................................ 218
100. Chutné tropické smoothie .................................................................. 220
## ZÁVĚR ..................................................................................................... 222

# ÚVOD

Vítejte v „KOMPLETNÍ PAMPELICKÁ KUCHAŘKA", kde se vydáme na kulinářské dobrodružství, abychom prozkoumali divokou stránku kuchyně se 100 zdravými recepty obsahujícími skromnou, ale všestrannou pampelišku. Pampelišky, které jsou často přehlíženy jako pouhý plevel, jsou pokladnicí kulinářského potenciálu a nabízejí spoustu chutí a výživy, které čekají na odemknutí. V této kuchařce oslavujeme krásu a hojnost pampelišek a ukazujeme jejich kulinářskou všestrannost a zdravotní přínosy v rozmanité řadě receptů.

V této kuchařce objevíte širokou škálu receptů, které zdůrazňují jedinečné chutě a nutriční výhody pampelišek. Od zářivých salátů a vydatných polévek až po slané hlavní a sladké dobroty, každý recept ukazuje všestrannost této často nedoceněné suroviny. Ať už sháníte pampelišky na svém dvorku nebo je získáváte z místního farmářského trhu, tato kuchařka nabízí skvělé způsoby, jak je začlenit do svého kulinářského repertoáru.

Co odlišuje "Kompletní pampeliškovou kuchařku" je její zaměření na zdravé a udržitelné vaření. Pampelišky jsou nejen chutné, ale také neuvěřitelně výživné, plné vitamínů, minerálů a antioxidantů. Jejich začleněním do vašich jídel nejenže rozšíříte své kulinářské obzory, ale také využijete zdravotních výhod této výživné superpotraviny. Ať už dodržujete rostlinnou stravu, prozkoumáváte divokou potravu nebo prostě jen chcete zpestřit svá jídla, pampelišky jsou vítaným doplňkem každé kuchyně.

V této kuchařce najdete praktické tipy pro sklizeň a přípravu pampelišek a také úžasné fotografie, které inspirují vaše kulinářské výtvory. Ať už jste ostřílený šéfkuchař nebo zvědavý domácí kuchař, „Úplná pampelišková kuchařka" vás zve, abyste přijali divokou stránku kuchyně a objevili lahodné možnosti této skromné, ale všestranné suroviny.

# SNÍDANĚ

# 1.Pampeliška Frittata S Kozím Sýrem

## SLOŽENÍ:
- 8 vajec
- ½ šálku mléka
- ½ lžičky soli
- ½ lžičky čerstvě mletého černého pepře
- 1 lžíce nesoleného másla nebo olivového oleje
- 1 střední cibule, nasekaná
- 2 šálky nasekaných pampeliškových listů
- 1 střední rajče
- 4 unce kozího sýra, rozdrobeného

## INSTRUKCE:
a) Předehřejte troubu na 350 °F.
b) V míse prošlehejte vejce, mléko, sůl a pepř. Dát stranou.
c) Zahřejte 10palcovou pánev vhodnou do trouby na středně nízkou teplotu. Přidejte máslo do pánve.
d) Přidejte cibuli a pomalu vařte, dokud nebude průhledná, asi 5 minut. Přidejte nasekané listy pampelišky a vařte další minutu nebo dvě.
e) Rajčata rozkrojte napůl, vymačkejte (a vyhoďte) semínka a dužinu a nakrájejte na kousky.
f) Vaječnou směs nalijeme na uvařenou cibuli a pampelišku. Vařte, dokud se okraje nezačnou odlepovat od stěn pánve, asi 6 minut.
g) Vršek frittaty rovnoměrně posypte nakrájenými rajčaty a kozím sýrem a pečte asi 15 minut, nebo dokud vejce neztuhnou.
h) Vyjměte frittatu z trouby pomocí rukavic a před krájením nechte 5 minut odpočívat na sporáku.
i) Nakrájejte na měsíčky a ihned podávejte. Ze zbytků je skvělý obědový balíček buď ohřátý, nebo podávaný studený.

## 2.Pampeliškové palačinky

**SLOŽENÍ:**
- 1 šálek okvětních lístků pampelišky
- 1 šálek směsi na palačinky
- 1 šálek mléka
- 2 vejce
- Máslo na vaření

**INSTRUKCE:**
a) Těsto na palačinky umícháme podle návodu na obalu.
b) Jemně vmíchejte 1 šálek okvětních lístků pampelišky.
c) Palačinky pečte na pánvi s máslem do zlatova.
d) Podávejte se sirupem nebo medem.

## 3. Pampeliška Zelení S Pórkem A Vejci

## SLOŽENÍ:

- 4 šálky nasekané pampelišky, zbavené silných stonků (asi 1-2 velké svazky)
- 2 lžíce nesoleného másla, přepuštěného másla nebo ghí
- 1 velký pórek, pouze bílé a světle zelené části, nakrájené nadrobno
- 4 velká vejce
- 1/4 šálku rozdrobeného sýra feta

## INSTRUKCE:

a) Přiveďte k varu velký hrnec s osolenou vodou. Přidejte nakrájenou pampelišku a blanšírujte 1 až 2 minuty. Zeleninu důkladně sceďte, vařečkou sceďte a vytlačte co nejvíce tekutiny.

b) Rozpusťte máslo nebo ghí v 10palcové soté pánvi nastavené na střední teplotu. Pórek restujte do měkka, asi 5 minut, za občasného míchání. Po hrsti přidávejte scezenou pampeliškovou zeleninu. Každou hrst vařte do zvadnutí a poté přidejte další.

c) Když zelí zvadne, rozklepněte vejce do pánve na zelí.

d) Navrch dejte sýr feta a vařte odkryté, dokud bílky z vajec neztuhnou, asi 5 minut.

## 4. Pampeliška A Bramborový Hash

## SLOŽENÍ:
- 2 šálky nakrájených brambor
- 1 šálek nasekané čerstvé pampelišky, umyté
- 1/2 cibule, nakrájená na kostičky
- 2 stroužky česneku, mleté
- 2 lžíce olivového oleje
- Sůl a pepř na dochucení
- Volitelně: vařená slanina nebo klobása nakrájená na kostičky

## INSTRUKCE:
a) Na pánvi na středním plameni rozehřejte olivový olej. Přidejte na kostičky nakrájené brambory a za občasného míchání vařte, dokud nezačnou hnědnout a na okrajích křupat, asi 10–12 minut.
b) Na pánev s bramborami přidáme na kostičky nakrájenou cibuli a prolisovaný česnek. Vařte, dokud cibule není průhledná, asi 3-4 minuty.
c) Vmíchejte nakrájenou pampelišku a uvařenou slaninu nebo klobásu (pokud používáte). Vařte další 2-3 minuty, dokud zelí nezvadne.
d) Dochuťte solí a pepřem podle chuti. Podávejte teplé jako vydatnou snídani nebo brunch.

## 5.Pampelišková zelená omeleta

**SLOŽENÍ:**
- 2 vejce
- 1 šálek nakrájené pampelišky
- 1/4 šálku nakrájené cibule
- 1/4 šálku nakrájené papriky
- Sůl a pepř na dochucení
- 1 lžíce olivového oleje

**INSTRUKCE:**
a) Na pánvi na středním plameni rozehřejte olivový olej.
b) Přidáme na kostičky nakrájenou cibuli a papriku, restujeme do změknutí.
c) Přidejte na pánev nakrájenou pampelišku a vařte do zvadnutí.
d) V misce rozšleháme vejce se solí a pepřem.
e) Orestovanou zeleninu na pánvi zalijeme rozšlehanými vejci.
f) Vařte, dokud omeleta neztuhne, poté otočte a vařte další minutu.
g) Podávejte horké s toastem nebo čerstvým ovocem.

# 6.Snídaňový salát ze zelené pampelišky

**SLOŽENÍ:**
- 2 šálky míchaného zeleného salátu (včetně pampelišky)
- 2 natvrdo uvařená vejce, nakrájená na plátky
- 1/4 šálku cherry rajčat, napůl
- 1/4 šálku nakrájené okurky
- 1/4 avokáda, nakrájené na plátky
- 2 plátky vařené slaniny, rozdrobené
- 2 lžíce balzamikového vinaigrette nebo dresingu dle vašeho výběru

**INSTRUKCE:**
a) Na talíř naaranžujte míchaný salát.
b) Navrch poklaďte nakrájenými natvrdo uvařenými vejci, cherry rajčaty, nakrájenou okurkou, plátky avokáda a nadrobenou slaninou.
c) Salát pokapejte balzamikovým vinaigrettem.
d) Ihned podávejte jako výživný a uspokojující snídaňový salát.

## 7. Pampeliška zelená snídaně Burrito

## SLOŽENÍ:
- 2 velké moučné tortilly
- 4 vejce, míchaná
- 1 šálek nakrájené pampelišky
- 1/2 šálku černých fazolí, scezených a propláchnutých
- 1/4 šálku strouhaného sýra
- Salsa a plátky avokáda k podávání

## INSTRUKCE:
a) Rozpalte velkou pánev na střední teplotu.
b) Moučné tortilly ohřívejte na pánvi asi 30 sekund z každé strany.
c) Tortilly vyjměte z pánve a dejte stranou.
d) Do stejné pánve přidejte nakrájenou pampelišku a restujte, dokud nezvadne.
e) Přidejte na pánev míchaná vejce a černé fazole a vařte, dokud vejce neztuhnou.
f) Na rozehřáté tortilly po lžících nalijeme vaječnou směs.
g) Náplň posypeme strouhaným sýrem.
h) Tortilly srolujte a vytvořte burritos.
i) Podávejte se salsou a plátky avokáda na boku.

## 8.Pampeliška zelená snídaně hash

**SLOŽENÍ:**
- 2 lžíce olivového oleje
- 2 šálky nakrájených brambor
- 1/2 šálku nakrájené cibule
- 1 šálek nakrájené pampelišky
- 4 vejce
- Sůl a pepř na dochucení

**INSTRUKCE:**
a) Ve velké pánvi na středním plameni rozehřejte olivový olej.
b) Přidejte na pánev nakrájené brambory a vařte do zlatova a křupava.
c) Do pánve přidejte nakrájenou cibuli a nakrájenou pampelišku a vařte, dokud zelí nezvadne.
d) V hašovací směsi udělejte čtyři jamky a do každé rozklepněte vajíčko.
e) Vařte, dokud vejce neztuhnou na požadovanou propečenost.
f) Dochuťte solí a pepřem podle chuti.
g) Podávejte horké, přímo z pánve.

## 9.Pampeliška zelená snídaně sendvič

**SLOŽENÍ:**
- 2 anglické muffiny, rozdělené a opečené
- 4 vejce, smažená nebo míchaná
- 1 šálek nakrájené pampelišky
- 4 plátky vařené slaniny nebo krůtí slaniny
- 1/4 šálku strouhaného sýra
- Sůl a pepř na dochucení

**INSTRUKCE:**
a) Na spodní poloviny opečených anglických muffinů položte vařená vejce.
b) Každé vejce posypte nakrájenou pampeliškovou zelí, plátkem vařené slaniny a strouhaným sýrem.
c) Dochuťte solí a pepřem podle chuti.
d) Horní poloviny anglických muffinů položte na náplně a vytvořte sendviče.
e) Ihned podávejte k vydatné snídani na cestách.

# 10. Salát z pampelišek

**SLOŽENÍ:**
- 4 vejce natvrdo
- 2/3 šálku pampelišky, nakrájené a uvařené
- 1 lžička křenu
- 1 PL čerstvé pažitky
- ½ šálku majonézy

**INSTRUKCE:**
a) Vejce nakrájíme nahrubo.
b) Přidejte pampelišku, pažitku a křen. Jemně promíchejte.
c) Přidejte majonézu a promíchejte jen tolik, aby se přísady obalily.

# ČAJ

## 11. Čaj z květů pampelišky

**SLOŽENÍ:**
- 1/4 šálku květ pampelišky s
- 500 ml vroucí vody
- 1/2 t lžičky medu
- Citronová šťáva

**INSTRUKCE:**
a) Umístěte tipy květů pampelišky do konvice.
b) Převařte vodu a horkou vodou zalijte květy pampelišky.
c) Nechte 5 minut louhovat.
d) Přeceďte květiny.

## 12.červený Jetel A Pampeliškový čaj

**SLOŽENÍ:**
- 1/4 šálku čerstvého červeného jetele
- Květy, s několika listy
- Citrón
- Miláček
- Čerstvé lístky máty
- Několik listů pampelišky

**INSTRUKCE:**
a) Umístěte květy a listy do konvice.
b) Zalijte vroucí vodou, přikryjte a nechte 10 minut vyluhovat.
c) Přeceďte do hrnku, přidejte citronovou šťávu a oslaďte medem.

# 13. Echinacea & čaj z kořenů

**SLOŽENÍ:**
- 1-dílný kořen echinacea purpurea
- 1dílný pau d'arco
- 1 díl syrového kořene pampelišky , pražený
- 1-dílná kůra sarsaparilly
- 1-díl skořicové kůry
- 1 díl kořene zázvoru
- 1dílné kořeny lopuchu
- 1-dílná sassafrasová kůra
- špetka stévie

**INSTRUKCE:**
a) Vložte všechny bylinky do čajového sáčku , vložte do hrnku a zalijte vroucí vodou.
b) Louhujte 10 minut.
c) Vyjměte čajový sáček a přidejte své sladidlo.

# 14. Čaj z kořene pampelišky

**SLOŽENÍ:**
- 1dílný sibiřský ženšen
- 1dílný kořen pampelišky
- 1 díl kopřivy
- 1 díl každého kořene proskurníku a lopuchu
- 1 díl z plodů hlohu a saw palmetta
- 1 díl semen fenyklu
- 1 díl ovsa divokého
- špetka stévie

**INSTRUKCE:**
a) Vložte všechny bylinky do čajového sáčku , vložte do hrnku a zalijte vroucí vodou.
b) Louhujte 10 minut.
c) Vyjměte čajový sáček a přidejte své sladidlo.

## 15. Flashes Blend Tea

**SLOŽENÍ:**
- 1dílná šalvěj
- 1-dílná mateřídouška
- 1díl pampeliška
- 1díl ptačinec a listy fialky
- 1 díl každého bezu a ovesné slámy

**INSTRUKCE:**
a) Vložte všechny bylinky do čajového sáčku .
b) Vložte do hrnku a zalijte vroucí vodou.
c) Louhujte 10 minut.
d) Vyjměte čajový sáček a přidejte své sladidlo.
e) Přidejte med a citron.

# 16. Pampeliška a lopuch čaj

**SLOŽENÍ:**
- 1 lžička pampeliškových listů
- 1 lžička lopuchových listů
- 1 lžička sekáče byliny
- 1 lžička květů červeného jetele

**INSTRUKCE:**
a) Všechny ingredience dejte do konvice, zalijte vroucí vodou, nechte 15 minut vyluhovat a podávejte.
b) Pijte teplé nebo studené po celý den.

## 17. Detoxikační čaj z pampelišky a zázvoru

**SLOŽENÍ:**
- 1 polévková lžíce sušených kořenů pampelišky
- 1 lžička strouhaného čerstvého zázvoru
- 1 šálek vody

**INSTRUKCE:**
a) V malém hrnci přiveďte vodu k varu.
b) Do vroucí vody přidejte sušené kořeny pampelišky a nastrouhaný zázvor.
c) Snižte teplotu na minimum a nechte 10-15 minut vařit.
d) Čaj sceďte do šálku.
e) Případně přidejte trochu medu nebo citronové šťávy pro sladkost.
f) Podávejte horké jako detoxikační a osvěžující čaj.

# 18. Pampeliška-Mátový ledový čaj

**SLOŽENÍ:**
- 2 lžíce sušených pampeliškových listů
- 1 lžíce sušených lístků máty
- 2 šálky vody
- Ledové kostky
- Med nebo sladidlo (volitelné)

**INSTRUKCE:**
a) V hrnci přiveďte vodu k varu.
b) Do vroucí vody přidejte sušené listy pampelišky a lístky máty.
c) Odstraňte z ohně a nechte 10-15 minut louhovat.
d) Čaj sceďte do džbánu a nechte vychladnout na pokojovou teplotu.
e) Po vychladnutí čaj dejte do lednice, dokud nevychladne.
f) Podávejte na kostkách ledu s kapkou medu nebo sladidla, pokud chcete.
g) Pro extra svěžest ozdobte lístky čerstvé máty.
h) Vychutnejte si osvěžující pampeliškovo-mátový ledový čaj v horkém dni.

## 19. Detoxikační čaj z pampelišky a citronu

**SLOŽENÍ:**
- 1 polévková lžíce sušených kořenů pampelišky
- 1 lžíce sušených pampeliškových listů
- 1 citron, nakrájený na tenké plátky
- 2 šálky vody

**INSTRUKCE:**

a) V malém hrnci smíchejte vodu, sušené kořeny pampelišky a sušené listy pampelišky.
b) Směs přiveďte k varu, poté snižte teplotu a vařte 10-15 minut.
c) Odstraňte z ohně a sceďte čaj do šálku.
d) Přidejte do čaje několik plátků citronu.
e) Případně přidejte med nebo javorový sirup pro sladkost.
f) Dobře promíchejte a vychutnejte si tento osvěžující a detoxikační pampeliškový čaj.

## 20.Čaj z pampelišky a pomerančových květů

**SLOŽENÍ:**
- 1 lžíce sušených květů pampelišky
- 1 lžíce sušených okvětních lístků pomerančových květů
- 2 šálky vody

**INSTRUKCE:**
a) V hrnci přiveďte vodu k varu.
b) Do vroucí vody přidejte sušené květy pampelišky a sušené plátky pomerančových květů.
c) Snižte teplotu na minimum a nechte 5-10 minut vařit.
d) Čaj sceďte do šálku.
e) Případně přidejte plátek čerstvého pomeranče pro extra chuť a ozdobu.
f) Podávejte horké a vychutnejte si jemné a květinové tóny čaje z pampelišky a pomerančových květů.

## 21.Kořeněný čaj Pampeliška-Skořice

**SLOŽENÍ:**
- 1 polévková lžíce sušených kořenů pampelišky
- 1 tyčinka skořice
- 2 šálky vody

**INSTRUKCE:**
a) V malém hrnci smíchejte vodu, sušené kořeny pampelišky a tyčinku skořice.
b) Směs přiveďte k varu, poté snižte teplotu a vařte 10-15 minut.
c) Odstraňte z ohně a sceďte čaj do šálku.
d) Případně přidejte posypku mleté skořice pro další koření.
e) Dobře promíchejte a vychutnejte si teplé a uklidňující chutě pampeliškovo-skořicového koření.

# CHLÉB

## 22.Pampeliškový banánový chléb

**SLOŽENÍ:**
- 1 velký zralý banán
- 1 1/4 šálku nebělené mouky
- 1/2 šálku olivového oleje
- 1/3 šálku čerstvě natrhaných okvětních lístků pampelišky
- 1 vejce
- 1 lžička prášku do pečiva
- 1/3 šálku hnědého cukru
- 1/2 lžičky jedlé sody

**INSTRUKCE:**
a) Rozmačkejte banán; poté přidejte olej, vejce a cukr, dobře promíchejte. Vmíchejte mouku, květy pampelišky, prášek do pečiva a jedlou sodu a ručně promíchejte, dokud se vše dokonale nespojí. (Pokud chcete, přidejte pár nasekaných vlašských ořechů nebo čokoládových lupínků.)
b) Gumovou stěrkou nabíráme do vymazané zapékací mísy na bochník (chleba).
c) Pečte při 350 ° F po dobu 20-25 minut.
d) Zkontrolujte po 20 minutách vložením nože – pokud vyjde čistý, je hotovo.

## 23. Chléb z květu pampelišky

**SLOŽENÍ:**
- 1/4 šálku oleje
- 2 hrnky mouky
- 2 lžičky prášku do pečiva
- 4 polévkové lžíce medu
- 1/2 lžičky soli
- 1 vejce
- 1 šálek květů pampelišky, odstraněny všechny zelené kališní lístky a listy
- 1 1/2 šálku mléka

**INSTRUKCE:**
a) Smíchejte suché ingredience ve velké míse, včetně okvětních lístků, a ujistěte se, že oddělíte shluky okvětních lístků.
b) V samostatné misce smícháme mléko, med, olej rozšlehané vejce.
c) Přidejte tekutinu do suché směsi. Těsto by mělo být poměrně vlhké a hrudkovité.
d) Nalijte do máslem vymazané formy na chleba nebo do formy na muffiny.
e) Pečeme na 400 F. Na muffiny 20-25 min, chleba na chleba až dvakrát déle. Test na propečenost.

## 24.Pampeliškový kukuřičný chléb

SLOŽENÍ:
- 1 hrnek bílé mouky
- 1 šálek kukuřičné mouky
- 2 lžičky prášku do pečiva
- ¾ lžičky jedlé sody
- 1 lžička soli
- 2 velká vejce
- ½ šálku sirupu z květů pampelišky (nebo medu)
- ¼ šálku oleje nebo másla
- 1 hrnek mléka (nejlépe podmáslí)
- 1 šálek okvětních lístků květů pampelišky

INSTRUKCE:
a) Suché ingredience smícháme dohromady.
b) Přidejte všechny ostatní ingredience a rozmixujte do hladka.
c) Nalijte těsto do 9×9 pánve nebo 10palcové litinové pánve.
d) Pečeme při 375° 25 minut.
e) Podávejte horké s máslem a sirupem z květů pampelišky.

## 25. Pampeliškový med pšeničný chléb

## SLOŽENÍ:
- 2 hrnky univerzální mouky
- 1 hrnek celozrnné mouky
- 1/4 šálku medu
- 1 lžíce aktivního suchého droždí
- 1 lžička soli
- 1 šálek okvětních lístků pampelišky (očištěné a najemno nasekané)
- 1 šálek teplé vody
- 2 lžíce olivového oleje

## INSTRUKCE:
a) Ve velké míse smíchejte teplou vodu, med a aktivní suché droždí. Nechte 5-10 minut odležet, dokud nezpění.
b) Do kvasnicové směsi přidejte olivový olej, sůl a nasekané lístky pampelišky.
c) Postupně přidávejte univerzální mouku a celozrnnou mouku a dobře promíchejte, dokud nevznikne těsto.
d) Těsto hněteme na pomoučené ploše asi 5-7 minut, dokud nebude hladké a pružné.
e) Těsto dejte do vymaštěné mísy, přikryjte čistou utěrkou a nechte na teplém místě kynout 1–2 hodiny, nebo dokud nezdvojnásobí svůj objem.
f) Těsto protlačte a vytvarujte z něj bochník. Vložte bochník do vymazané ošatky.
g) Přikryjte bochník čistou utěrkou a nechte kynout dalších 30-45 minut.
h) Předehřejte troubu na 375 °F (190 °C). Chleba pečte 30–35 minut nebo do zlatohněda.
i) Vyjměte z trouby a před krájením nechte vychladnout. Vychutnejte si svůj domácí pšeničný chléb s pampeliškovým medem!

## 26.Pampeliška A Cheddar Sýr Chléb

## SLOŽENÍ:
- 3 hrnky univerzální mouky
- 1 lžička prášku do pečiva
- 1 lžička soli
- 1/4 šálku cukru
- 1 šálek strouhaného sýra čedar
- 1 šálek pampelišky (očištěné a najemno nakrájené)
- 1 vejce
- 1 šálek mléka
- 1/4 šálku rostlinného oleje

## INSTRUKCE:
a) Předehřejte troubu na 350 °F (175 °C). Formu na bochník vymažte tukem a dejte stranou.
b) Ve velké míse smíchejte mouku, prášek do pečiva, sůl a cukr.
c) Vmíchejte nastrouhaný sýr čedar a nakrájenou pampelišku, dokud se dobře nespojí.
d) V samostatné misce rozklepněte vejce a poté přidejte mléko a rostlinný olej. Dobře promíchejte.
e) Nalijte mokré ingredience do suchých a míchejte, dokud se nespojí.
f) Těsto nalijte do připravené ošatky a rovnoměrně rozetřete.
g) Pečte 45–50 minut, nebo dokud párátko zapíchnuté do středu nevyjde čisté.
h) Vyjměte z trouby a nechte 10 minut vychladnout na pánvi, než přendejte na mřížku, aby úplně vychladla. Nakrájejte a podávejte svůj chléb z pampelišky a čedaru teplý nebo při pokojové teplotě.

## 27.Pampeliška citron makový chléb

## SLOŽENÍ:
- 2 hrnky univerzální mouky
- 1 lžička prášku do pečiva
- 1/2 lžičky soli
- Kůra z 1 citronu
- 1/4 šálku máku
- 1/2 šálku cukru
- 1/4 šálku rozpuštěného másla
- 1/4 šálku citronové šťávy
- 1/2 šálku mléka
- 2 vejce
- 1 šálek okvětních lístků pampelišky (očištěné a najemno nasekané)

## INSTRUKCE:
a) Předehřejte troubu na 350 °F (175 °C). Formu na bochník vymažte tukem a dejte stranou.
b) Ve velké míse smíchejte mouku, prášek do pečiva, sůl, citronovou kůru, mák a cukr.
c) V samostatné misce šlehejte dohromady rozpuštěné máslo, citronovou šťávu, mléko a vejce.
d) Nalijte mokré ingredience do suchých a míchejte, dokud se nespojí.
e) Jemně vmícháme nasekané okvětní lístky pampelišky.
f) Těsto nalijte do připravené ošatky a rovnoměrně rozetřete.
g) Pečte 45–50 minut, nebo dokud párátko zapíchnuté do středu nevyjde čisté.
h) Vyjměte z trouby a nechte 10 minut vychladnout na pánvi, než přendejte na mřížku, aby úplně vychladla. Nakrájejte a podávejte svůj pampeliškový chléb s mákem a citronem.

## 28. Pampeliškový ořechový chléb

## SLOŽENÍ:

- 2 hrnky univerzální mouky
- 1 lžička prášku do pečiva
- 1/2 lžičky jedlé sody
- 1/4 lžičky soli
- 1/2 šálku cukru
- 1/4 šálku rozpuštěného másla
- 1 vejce
- 1 šálek podmáslí
- 1/2 šálku nasekaných vlašských ořechů
- 1/2 šálku nasekaných okvětních lístků pampelišky

## INSTRUKCE:

a) Předehřejte troubu na 350 °F (175 °C). Formu na bochník vymažte tukem a dejte stranou.

b) Ve velké míse smíchejte mouku, prášek do pečiva, jedlou sodu, sůl a cukr.

c) V samostatné misce smíchejte rozpuštěné máslo, vejce a podmáslí.

d) Postupně přidávejte mokré ingredience k suchým a míchejte, dokud se nespojí.

e) Vmíchejte nasekané vlašské ořechy a okvětní lístky pampelišky, dokud nebudou rovnoměrně rozmístěny.

f) Těsto nalijte do připravené ošatky a rovnoměrně rozetřete.

g) Pečte 45–50 minut, nebo dokud párátko zapíchnuté do středu nevyjde čisté.

h) Vyjměte z trouby a nechte 10 minut vychladnout na pánvi, než přendejte na mřížku, aby úplně vychladla. Nakrájejte a podávejte svůj pampeliškový ořechový chléb.

## 29. Pampeliškový žitný chléb

## SLOŽENÍ:
- 1 hrnek žitné mouky
- 1 1/2 šálku univerzální mouky
- 1 lžička jedlé sody
- 1/2 lžičky soli
- 1/4 šálku melasy
- 1 šálek podmáslí
- 1/2 šálku nakrájené pampelišky

## INSTRUKCE:
a) Předehřejte troubu na 350 °F (175 °C). Formu na bochník vymažte tukem a dejte stranou.
b) Ve velké míse smíchejte žitnou mouku, univerzální mouku, jedlou sodu a sůl.
c) V samostatné misce smíchejte melasu a podmáslí, dokud se dobře nespojí.
d) Postupně přidávejte mokré ingredience k suchým a míchejte, dokud se nespojí.
e) Vmíchejte nakrájenou pampelišku, dokud se rovnoměrně nerozloží.
f) Těsto nalijte do připravené ošatky a rovnoměrně rozetřete.
g) Pečte 50–60 minut nebo dokud párátko zapíchnuté do středu nevyjde čisté.
h) Vyjměte z trouby a nechte 10 minut vychladnout na pánvi, než přendejte na mřížku, aby úplně vychladla. Nakrájejte a podávejte pampeliškový žitný chléb.

# SVAČINKY A PŘEkrmy

## 30. Energetické tyčinky z kopřivových semínek a květu pampelišky

**SLOŽENÍ:**
- 1 šálek sušených meruněk
- ½ šálku kešu
- ½ šálku mandlí
- ¼ šálku sezamových semínek
- 2 lžíce medu (volitelně)
- 1 lžíce kokosového oleje
- 4-6 lžic semínek kopřivy (množství dle libosti)
- 4 – 6 polévkových lžic květů pampelišky (nebo měsíčku)
- 4 – 5 kostek kandovaného zázvoru
- Špetka mořské soli
- 1 lžička kardamomu

**INSTRUKCE:**
a) 8palcový pekáč vyložte pečicím papírem.
b) Ořechy rozdrťte, dokud nebudou drobivé, a poté je dejte stranou do samostatné misky.
c) Meruňky nasekejte najemno.
d) Přidejte všechny ostatní přísady (včetně medu, pokud používáte) do meruňkové směsi a zpracujte, dokud se dobře nespojí.
e) Do směsi přidejte ořechy a promíchejte, dokud se dobře nepromíchají. Jakmile se směs začne lepit pohromadě a sbalit se v kuchyňském robotu, je hotovo.
f) Pevně vtlačte směs do pekáče pomocí něčeho plochého, abyste ji přitlačili.
g) Umístěte pánev do mrazáku asi na 30 minut (nebo dokud nebude pevná), poté vyjměte a nakrájejte na tyčinky.
h) Ozdobte pár kopřivami a sezamovými semínky navíc.
i) Tyčinky umístěte do vzduchotěsné nádoby a skladujte v lednici po dobu až jednoho měsíce.

## 31. Pampeliškové lívanečky

## SLOŽENÍ:
- 1 hrnek celozrnné mouky
- 2 lžíce olivového oleje
- 2 lžičky prášku do pečiva
- 1 šálek květů pampelišky
- 1 špetka soli
- 1 vejce
- Nepřilnavý rostlinný olej ve spreji
- ½ šálku nízkotučného mléka

## INSTRUKCE:
a) V míse smícháme mouku, prášek do pečiva a sůl. V samostatné misce rozklepněte vejce a poté smíchejte s mlékem nebo vodou a olivovým olejem.
b) Smícháme se suchou směsí. Opatrně vmíchejte žluté květy a dejte pozor, abyste je nerozdrtili.
c) Rošt nebo pánev lehce postříkejte rostlinným olejem.
d) Zahřívejte, dokud se důkladně neprohřeje. Těsto po lžících naléváme na pánev a pečeme jako palačinky.

## 32.Plněné Hroznové Listy S Vykrmenou Zeleninou

**SLOŽENÍ:**
- 1 šálek krmených pampeliškových listů
- 1 šálek rýže, vařené
- 1/4 šálku piniových oříšků
- 1/4 šálku rybízu
- 1 citron, šťáva
- Hroznové listy (čerstvé nebo konzervované)
- Olivový olej
- Sůl a pepř na dochucení

**INSTRUKCE:**
a) Blanšírujte hroznové listy ve vroucí vodě, dokud nezměknou.
b) V misce smíchejte vařenou rýži, krmnou zeleninu, piniové oříšky, rybíz a citronovou šťávu.
c) Na každý hroznový list položte lžíci směsi a srolujte do pevného svazku.
d) Naplněné hroznové listy uložte do zapékací mísy, pokapejte olivovým olejem a pečte, dokud se neprohřejí.

## 33. Pampeliškové chipsy

**SLOŽENÍ:**
- Pampeliška, omytá a sušená
- Olivový olej
- Mořská sůl (nebo koření dle vašeho výběru)

**INSTRUKCE:**
a) Předehřejte troubu na 350 °F (175 °C).
b) Zelení pampelišky omyjte a důkladně osušte. Rozbijte je na velké kusy a odstraňte všechna silná žebra.
c) Zeleninu pokapejte trochou olivového oleje a promněte rukama, aby se všechny listy lehce obalily.
d) Obalenou zeleninu položte v jedné vrstvě na plech.
e) Pečeme v předehřáté troubě asi 8-12 minut. Dávejte na ně pozor, abyste se nespálili.
f) Po dokončení vyjměte plech z trouby a posypte listy mořskou solí nebo vámi preferovaným kořením.
g) Před podáváním nechte chipsy vychladnout.

## 34.Pampeliška Pesto Crostini

**SLOŽENÍ:**
- Bageta, nakrájená na tenká kolečka
- Pampeliškové pesto (připravené s pampeliškovou zeleninou, česnekem, ořechy, olivovým olejem a parmazánem)
- Cherry rajčata, rozpůlená
- Listy čerstvé bazalky
- Balzamiková glazura

**INSTRUKCE:**
a) Plátky bagety opečte, dokud nebudou lehce křupavé.
b) Na každý toast potřete kopečkem pampeliškového pesta.
c) Navrch dejte rozpůlené cherry rajče a lístek čerstvé bazalky.
d) Pokapeme balzamikovou polevou.
e) Slouží jako lahodný předkrm na setkání nebo večírky.

## 35.Hummus pampeliška

**SLOŽENÍ:**
- 1 plechovka (15 uncí) cizrny, okapaná a propláchnutá
- 1 šálek balených pampelišek
- 2 stroužky česneku, mleté
- 3 lžíce tahini
- 2 lžíce citronové šťávy
- 2 lžíce olivového oleje
- Sůl a pepř na dochucení

**INSTRUKCE:**
a) V kuchyňském robotu smíchejte cizrnu, pampeliškovou zeleninu, mletý česnek, tahini, citronovou šťávu a olivový olej.
b) Mixujte, dokud nebude hladká a krémová, podle potřeby seškrábejte po stranách.
c) Dochuťte solí a pepřem podle chuti.
d) Pampeliškový hummus přendejte do servírovací misky.
e) Podávejte s pita chipsy, krekry nebo čerstvou zeleninou na namáčení.

# 36.Pampeliška Puffs

**SLOŽENÍ:**
- Květy pampelišky (vyčištěné a sušené)
- 1 hrnek univerzální mouky
- 1 lžička prášku do pečiva
- Špetka soli
- 1 vejce
- 1/2 šálku mléka
- Olej na smažení
- Moučkový cukr (volitelně, na posypání)

**INSTRUKCE:**
a) V míse smícháme mouku, prášek do pečiva a sůl.
b) V jiné misce rozšleháme vejce a mléko.
c) Mokré ingredience postupně přidávejte k suchým a míchejte do hladka.
d) Každý květ pampelišky ponořte do těsta a zcela jej potřete.
e) Na pánvi na středním plameni rozehřejte olej.
f) Obalené květy pampelišky smažte do zlatohněda a křupava.
g) Vyjmeme z oleje a necháme okapat na papírové utěrce.
h) Volitelné: Před podáváním jako sladkou a křupavou svačinu poprašte moučkovým cukrem.

## 37.Pampeliška A Kozí Sýr Tartlets

**SLOŽENÍ:**
- Mini skořápky dortů (koupené v obchodě nebo domácí)
- Čerstvý kozí sýr
- Pampeliška, restovaná do zvadnutí
- Cherry rajčata, rozpůlená
- Listy čerstvého tymiánu
- Olivový olej
- Sůl a pepř na dochucení

**INSTRUKCE:**
a) Předehřejte troubu na 350 °F (175 °C).
b) Skořápky mini dortíků položte na plech.
c) Naplňte každou skořápku koláče lžící čerstvého kozího sýra.
d) Navrch dejte restovanou pampelišku a rozpůlená cherry rajčata.
e) Posypeme lístky čerstvého tymiánu a zakápneme olivovým olejem.
f) Dochuťte solí a pepřem podle chuti.
g) Pečte v předehřáté troubě 10-12 minut nebo dokud nejsou skořápky koláče zlatavě hnědé.
h) Podávejte teplé jako lahodný předkrm pro každou příležitost.

## 38.Pampeliška A Slanina Bruschetta

**SLOŽENÍ:**
- Bageta, nakrájená na tenká kolečka
- Pampeliška, nakrájená
- Slanina, vařená a rozdrobená
- Kozí sýr
- Balzamiková glazura
- Olivový olej
- Sůl a pepř na dochucení

**INSTRUKCE:**
a) Plátky bagety opečte, dokud nebudou lehce křupavé.
b) Na pánvi orestujte nakrájenou pampelišku s kapkou olivového oleje, dokud nezvadne. Dochuťte solí a pepřem.
c) Na každý toast potřete vrstvu kozího sýra.
d) Navrch dejte restované pampelišky a rozdrobenou slaninu.
e) Pokapeme balzamikovou polevou.
f) Podáváme jako chutný a pikantní předkrm.

# 39.Pampeliška A Ricotta Plněné Houby

**SLOŽENÍ:**
- Velké houby, očištěné a odstraněné stopky
- Sýr ricotta
- Pampeliška, nakrájená a orestovaná
- Česnek, mletý
- Parmazán, strouhaný
- Olivový olej
- Sůl a pepř na dochucení

**INSTRUKCE:**
a) Předehřejte troubu na 375 °F (190 °C). Vymažte zapékací mísu.
b) V misce smíchejte sýr ricotta, restovanou pampeliškovou zelí, mletý česnek a nastrouhaný parmazán. Dochuťte solí a pepřem.
c) Každou houbovou čepici naplňte směsí ricotty a pampelišky.
d) Do připravené zapékací mísy vložíme plněné houby.
e) Pokapejte olivovým olejem a posypte dalším parmazánem.
f) Pečte v předehřáté troubě 15–20 minut, nebo dokud houby nezměknou a náplň nezezlátne.
g) Podávejte teplé jako lahodný předkrm nebo svačinu.

# 40.Pampeliška A Feta Phyllo Trojúhelníky

## SLOŽENÍ:
- Plátky z phyllo těsta
- Sýr feta, rozdrobený
- Pampeliška, nakrájená a orestovaná
- Citrónová kůra
- Olivový olej
- Sůl a pepř na dochucení

## INSTRUKCE:
a) Předehřejte troubu na 375 °F (190 °C). Plech vyložte pečícím papírem.
b) Vyložte jeden plát fylového těsta a lehce jej potřete olivovým olejem.
c) Opakujte vrstvení a potírání olivovým olejem, dokud nebudete mít 3-4 vrstvy.
d) Vrstvené fylo těsto nakrájejte na čtverce nebo trojúhelníky.
e) V misce smíchejte rozdrobený sýr feta, restovanou pampelišku, citronovou kůru, sůl a pepř.
f) Položte lžíci náplně na každý čtverec nebo trojúhelník.
g) Fyllové těsto přeložte přes náplň, abyste vytvořili trojúhelníky nebo čtverce.
h) Naplněné trojúhelníky nebo čtverce položte na připravený plech.
i) Pečte v předehřáté troubě 15–20 minut nebo do zlatohnědé a křupavé.
j) Podávejte teplé jako chutný a elegantní předkrm.

# HLAVNÍ CHOD

## 41. Lasagne z pampelišky

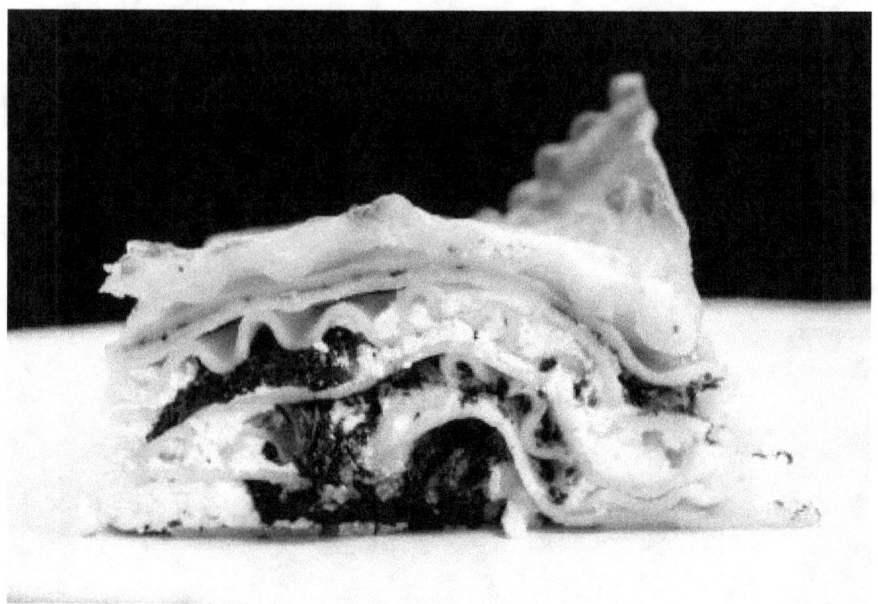

**SLOŽENÍ:**
- 2 litry vody
- 2 libry listů pampelišky
- 2 stroužky česneku
- 3 lžíce Nasekané petrželky, rozdělené
- 1 lžíce bazalky
- 1 lžička oregano
- ½ šálku pšeničných klíčků
- 3 šálky rajčatové omáčky
- 6 uncí rajčatové pasty
- 9 Celozrnné nudle lasagne
- 1 lžička Olivový olej
- 1 libra sýra Ricotta
- 1 špetka kajenského pepře
- ½ šálku parmazánu, strouhaného
- ½ libry sýra Mozzarella, nakrájený na plátky

**INSTRUKCE:**
a) Přiveďte vodu k varu, přidejte pampelišky a vařte do měkka. Odstraňte pampelišky děrovanou lžící a rezervujte vodu.
b) Vložte pampelišky do mixéru s česnekem a 1 lžící petrželky, bazalky a oregana.
c) Důkladně promíchejte, ale dejte pozor, aby nezkapalněly.
d) Přidejte pšeničné klíčky, dva šálky rajčatové omáčky a rajčatovou pastu.
e) Míchejte jen tolik, abyste se důkladně promíchali, a směs si nechte.
f) Znovu přiveďte vodu k varu. Přidejte lasagne a olivový olej. Vařte al dente. Vypusťte a rezervujte.
g) Smíchejte sýr ricotta, kajenský pepř a zbývající 2 polévkové lžíce. petržel, rezerva.
h) Dno pekáče o rozměrech 9 x 13" lehce potřete máslem.
i) Umístěte 3 nudle lasagne vedle sebe jako první vrstvu. Zakryjte ⅓ pampeliškové omáčky, poté ½ sýra ricotta.
j) Na ricottu protřepejte parmazán a zakryjte ji vrstvou plátků mozzarelly. Opakovat.
k) Navrstvěte poslední 3 nudle lasagne a poslední ⅓ pampeliškové omáčky. Zakryjte zbývajícím parmazánem a mozzarellou a jedním šálkem rajčatové omáčky.
l) Pečte při 375 F. po dobu 30 minut.

## 42.Pampeliškové vaječné nudle

## SLOŽENÍ:
- 2 šálky pampelišky, zabalené (3 unce podle hmotnosti), omyté a okapané
- 2 vejce
- ½ lžičky soli
- 1 až 1 ¼ šálku mouky

## INSTRUKCE:
a) V mixéru nebo kuchyňském robotu smíchejte pampeliškovou zeleninu a vejce. Pyré, dokud nebude hladké a zkapalněné.
b) Ve velké míse prošlehejte 1 hrnek mouky a sůl. Vaječnou směs nalijte do moučné směsi a dobře promíchejte. Podle potřeby přidejte 1 polévkovou lžíci mouky, abyste vytvořili tuhé těsto (to se bude lišit podle obsahu vody v pampeliškové zeleni).
c) Těsto vyklopte na pomoučněnou desku a hněťte, dokud se těsto dobře nevytvaruje. Pomocí válečku těsto rozválejte na tenký plát. Nejkrásnější vaječné nudle jsou vyválené docela tence, rolujte, dokud vám to trpělivost dovolí, ale pamatujte, že nudle při vaření nabobtnají, takže je ztenčujte. Vyválené těsto necháme 1 hodinu sušit na desce.
d) Těsto nakrájejte na nudle, kolečko na pizzu to velmi usnadní. Jakmile jsou nudle nakrájené, nechte je na desce a dejte vařit do velkého hrnce s osolenou vodou. Jakmile voda dosáhne varu, přidejte nudle a promíchejte, aby se nepřichytily.
e) Nudle vařte 3 až 5 minut, nebo dokud nebudou uvařené. Sceďte a podávejte dle libosti.

## 43. Pampeliškové hamburgery

**SLOŽENÍ:**
- 1 hrnek mouky
- 1 šálek balených okvětních lístků pampelišky (bez zelené)
- 1 vejce
- 1/4 šálku mléka
- 1/2 šálku nakrájené cibule
- 1/4 lžičky soli
- 1/2 lžičky česnekového prášku
- 1/4 lžičky každé bazalky a oregana
- 1/8 lžičky pepře

**INSTRUKCE:**
a) Smíchejte všechny přísady dohromady.
b) Těsto bude mazlavé. Vytvarujte placičky a na pánvi smažte na oleji nebo másle a otáčejte je z obou stran dokřupava.
c) Ne, nechutnají jako hamburger, ale nejsou špatné.

## 44.Pampelišky A Brambory Se Sýrem

**SLOŽENÍ:**
- 1 lb (450 g) pampelišky zelené
- 1 polévková lžíce Pecorino Romano
- 1 zlatý brambor
- ½ lžičky černého pepře a podle chuti stolní sůl
- 4 šalotky
- 7 lžic extra panenského olivového oleje
- Dušená pampeliška zelená

**INSTRUKCE:**
a) Umyjte a pěstujte pampeliškovou zeleninu tak často, jak je potřeba, abyste odstranili nečistoty. Pampelišku vařte nebo vařte jen 5 minut. Pokud je to možné, uschovejte vodu použitou k vaření nebo vaření zeleniny. Smažené pampelišky a brambory
b) Šalotky oloupeme a nakrájíme na čtvrtky. Brambory také oloupeme a nakrájíme na kostičky velké ½ palce. Nalijte 3 lžíce olivového oleje do pánve a položte na střední teplotu. Když je olej hodně rozpálený, ale ne zakouřený, nasypte na pánev šalotku a za stálého míchání ji smažte dozlatova.
c) Nyní přidejte brambory a pokračujte v opékání dalších pět minut.
d) Nakonec přidejte pampelišku nakrájenou na kousky dlouhé 3 palce. Smažte 5 minut, poté přidejte ½ naběračky vody použité k vaření pampelišky.
e) Vařte na středním plameni, dokud nejsou brambory uvařené, ale ne rozmačkané. V případě potřeby přidejte ještě několik lžic vody.
f) Nakonec přidejte nastrouhaný sýr Pecorino Romano, černý pepř a sůl podle chuti. Daleko od tepla, doplňte na porci 1 lžíci olivového oleje a podávejte velmi horké.

## 45. Pampeliškové těstoviny Pesto

**SLOŽENÍ:**
- 2 šálky čerstvé pampelišky, umyté a nakrájené
- 1/2 šálku pražených piniových oříšků
- 2 stroužky česneku, mleté
- 1/2 šálku strouhaného parmazánu
- 1/2 šálku extra panenského olivového oleje
- Sůl a pepř na dochucení
- Vařené těstoviny dle vlastního výběru (špagety, fettuccine atd.)

**INSTRUKCE:**
a) V kuchyňském robotu smíchejte pampeliškovou zeleninu, piniové oříšky, česnek a parmazán. Pulsujte na jemno nasekané.
b) Při běžícím kuchyňském robotu pomalu přikapávejte olivový olej, dokud směs nevytvoří hladkou pastu. Dochuťte solí a pepřem podle chuti.
c) Smíchejte pampeliškové pesto s uvařenými těstovinami, dokud se dobře nepotáhne. Podávejte horké, podle potřeby ozdobené extra parmazánem.

## 46. Pampeliška a houbové rizoto

## SLOŽENÍ:
- 1 šálek rýže Arborio
- 4 hrnky zeleninového nebo kuřecího vývaru
- 1 cibule, nakrájená nadrobno
- 2 stroužky česneku, mleté
- 1 šálek čerstvé pampelišky, umyté a nakrájené
- 1 šálek nakrájených hub (například cremini nebo shiitake)
- 1/2 šálku suchého bílého vína
- 1/4 šálku strouhaného parmazánu
- 2 lžíce másla
- Sůl a pepř na dochucení
- Čerstvá petrželka na ozdobu

## INSTRUKCE:
a) Ve velkém hrnci zahřejte vývar na mírném ohni a udržujte ho teplý.
b) V jiném velkém kastrolu nebo holandské troubě rozpusťte máslo na středním plameni. Přidejte nakrájenou cibuli a česnek a restujte do změknutí.
c) Přidejte rýži Arborio do hrnce a míchejte, aby se obalila máslem, vařte 1–2 minuty, dokud se lehce neopeče.
d) Zalijte bílým vínem a za stálého míchání vařte, dokud se nevsákne do rýže.
e) Začněte přidávat teplý vývar do rýžové směsi, jednu naběračku po druhé, za stálého míchání a nechte každý přídavek absorbovat, než přidáte další. Pokračujte v tomto procesu, dokud není rýže krémová a vařená al dente, asi 18-20 minut.
f) Během posledních 5 minut vaření vmíchejte nakrájenou pampelišku a nakrájené houby.
g) Jakmile je rizoto uvařené na požadovanou konzistenci, stáhněte ho z plotny a vmíchejte nastrouhaný parmazán. Dochuťte solí a pepřem podle chuti.
h) Rizoto podávejte horké, ozdobené čerstvou petrželkou.

# 47.Quiche z pampelišky

## SLOŽENÍ:
- 1 koláčová kůra (koupená v obchodě nebo domácí)
- 1 šálek čerstvé pampelišky, umyté a nakrájené
- 1/2 šálku nakrájené šunky nebo vařené slaniny (volitelné)
- 1/2 šálku strouhaného sýra (jako je čedar nebo švýcarský)
- 4 vejce
- 1 hrnek mléka nebo smetany
- Sůl a pepř na dochucení
- Špetka muškátového oříšku (volitelné)

## INSTRUKCE:
g) Předehřejte troubu na 375 °F (190 °C).
h) Koláčovou misku vyložte koláčovou krustou a okraje podle potřeby zamačkejte.
i) V míse prošlehejte vejce, mléko nebo smetanu, sůl, pepř a muškátový oříšek, dokud se dobře nespojí.
j) Nakrájenou pampelišku rovnoměrně rozprostřete na dno koláčové kůry. Zeleninu posypte na kostičky nakrájenou šunkou nebo vařenou slaninou (pokud ji používáte) a následně strouhaným sýrem.
k) Vaječnou směs opatrně nalijte na ingredience náplně v krustě koláče.
l) Quiche vložte do předehřáté trouby a pečte 35–40 minut, nebo dokud náplň neztuhne a kůrka nezezlátne.
m) Před krájením a podáváním nechte quiche mírně vychladnout. Užijte si teplé nebo při pokojové teplotě.

## 48.Pampeliška A Kozí Sýr Koláč

**SLOŽENÍ:**
- 1 list listového těsta, rozmražené
- 1 šálek čerstvé pampelišky, umyté a nakrájené
- 4 unce kozího sýra, rozdrobeného
- 1/4 šálku nasekaných vlašských ořechů
- 1 lžíce medu
- Sůl a pepř na dochucení
- Volitelně: balzamiková glazura k pokapání

**INSTRUKCE:**
a) Předehřejte troubu na 400 °F (200 °C).
b) Plát listového těsta rozválíme na lehce pomoučené ploše a přeneseme na plech vyložený pečicím papírem.
c) Nakrájenou pampeliškovou zelí rovnoměrně rozprostřete na listové těsto a nechte okraj kolem okrajů.
d) Zelí posypeme rozdrobeným kozím sýrem a nasekanými vlašskými ořechy. Dort rovnoměrně pokapejte medem.
e) Dochuťte solí a pepřem podle chuti. Případně pokapejte vrch balzamikovou polevou pro větší chuť.
f) Pečte v předehřáté troubě 20–25 minut, nebo dokud těsto není zlatavě hnědé a křupavé.
g) Vyjměte z trouby a před krájením nechte mírně vychladnout. Podávejte teplé jako lahodný předkrm nebo lehký hlavní chod.

# SALÁTY

## 49.Pampeliškový salát s dresinkem z bobulí Açaí

## SLOŽENÍ:
### AÇAÍ BERRY DRESSING
- 100gramový balíček neslazeného Açaí, pokojové teploty
- ¼ šálku kokosového oleje
- ¼ šálku jablečného octa
- 2 polévkové lžíce medu
- 1 lžička chia semínek
- 1 lžička mořské soli

### SALÁT
- 2 šálky na tenké plátky nakrájené kapusty
- 2 šálky tence nakrájeného zelí napa
- 1 šálek na tenké plátky nakrájené pampelišky
- 1 šálek na tenké plátky nakrájeného červeného zelí
- ½ šálku na tenké plátky nakrájené bazalky
- ½ šálku nakrájené řepy
- ½ šálku nakrájené mrkve
- ½ šálku pražených dýňových semínek
- Slunečnicové klíčky

### INSTRUKCE:
a) Příprava Açaí Berry DRESINGU: Všechny ingredience rozmixujte v kuchyňském robotu nebo mixéru do hladka.
b) Dejte kapustu do velké mísy. Nakapejte na kapustu několik polévkových lžic a vmasírujte do srsti. Do mísy přidejte všechnu ostatní zeleninu a podle libosti pokapejte zálivkou.
c) Přisypte dýňová semínka a klíčky a promíchejte, aby se spojily. Užijte si výživu!

## 50.Pampeliška A Chorizo Salát

## SLOŽENÍ:
- Salátová mísa mladých listů pampelišky
- 2 plátky Chléb nakrájený na plátky
- 4 lžíce olivového oleje
- 150 gramů chorizo, nakrájené na silné plátky
- 2 stroužky česneku, nakrájené
- 1 lžíce octa z červeného vína
- Sůl a pepř

## INSTRUKCE:
a) Otrhejte listy pampelišky, opláchněte a osušte v čisté utěrce. Naskládejte do servírovací mísy.
b) Z chleba odkrojíme kůrky a nakrájíme na kostičky. Na pánvi rozehřejte polovinu olivového oleje.
c) Smažte krutony na mírném ohni za častého obracení, dokud nezhnědnou.
d) Nechte okapat na kuchyňském papíru. Pánev vymažeme a přidáme zbylý olej. Smažte chorizo nebo lardony na vysoké teplotě, dokud nezhnědnou.
e) Přidejte česnek a opékejte ještě několik sekund, poté stáhněte oheň. Chorizo vyjměte děrovanou lžící a rozetřete na salát.
f) Pánev necháme minutu vychladnout, vmícháme ocet a vše nalijeme na salát.
g) Nasypte na krutony, dochuťte solí a pepřem, promíchejte a podávejte.

## 51.Pampeliškový salát

## SLOŽENÍ:
- 4 šálky čerstvé pampelišky
- 1 šálek cherry rajčat, napůl
- 1/2 šálku sýra feta, rozdrobený
- 1/4 šálku balzamikového vinaigrettu
- Sůl a pepř na dochucení

## INSTRUKCE:
a) Omyjte a osušte zelí pampelišky.
b) Přihoďte pampeliškovou zeleninu, cherry rajčata a sýr feta.
c) Pokapeme balzamikovým vinaigrettem. Dochuťte solí a pepřem.

## 52.Salát z pečené pattypan squash

## SLOŽENÍ:
### PESTO
- 1 unce pampelišky, ořezané a natrhané na kousky velikosti sousta
- 3 lžíce pražených slunečnicových semínek
- 3 lžíce vody
- 1 lžíce javorového sirupu
- 1 lžíce jablečného octa
- 1 stroužek česneku, nasekaný
- ¼ lžičky stolní soli
- ⅛ lžičky vloček červené papriky
- ¼ šálku extra panenského olivového oleje

### SALÁT
- 2 lžíce extra panenského olivového oleje
- 2 lžičky javorového sirupu
- ½ lžičky stolní soli
- ⅛ lžičky pepře
- 1½ libry baby pattypan squash, rozpůlený vodorovně
- 4 kukuřičné klasy, zrna nakrájená z klasu
- 1 libra zralých rajčat, zbavených jádřinců, nakrájených na ½ palce silné klínky a na půlky křížem
- 1 unce pampelišky, oříznuté a natrhané na kousky velikosti sousta (1 šálek)
- 2 lžíce pražených slunečnicových semínek

## INSTRUKCE:
### NA PESTO:
a) Nastavte mřížku trouby do nejnižší polohy, položte na mřížku pečicí plech s okrajem a zahřejte troubu na 500 stupňů.
b) Zpracujte pampeliškovou zeleninu, slunečnicová semínka, vodu, javorový sirup, ocet, česnek, sůl a pepřové vločky v kuchyňském robotu, dokud nebudou jemně mleté, asi 1 minutu, podle potřeby seškrábejte stěny mísy.
c) Při běžícím procesoru pomalu pokapávejte olejem, dokud se nezapracuje.

**NA SALÁT:**

d) Ve velké míse prošlehejte olej, javorový sirup, sůl a pepř. Přidejte dýni a kukuřici a promíchejte, abyste obalili. Rychle pracujte a rozložte zeleninu v jedné vrstvě na horký plech, aranžujte squash řeznou stranou dolů.
e) Pečte, dokud řezná strana dýně nezhnědne a nezměkne, 15 až 18 minut. Přeneste pánev na mřížku a nechte asi 15 minut mírně vychladnout.
f) Smíchejte pečenou dýni a kukuřici, polovinu pesta, rajčata a pampelišky ve velké misce a jemně promíchejte, aby se spojily.
g) Pokapeme zbylým pestem a posypeme slunečnicovými semínky. Sloužit.

## 53. Salát z rajčat, okurky, dýně a pampelišky

Slouží 2

**SLOŽENÍ:**
- 1/2 šálku vařené dýně nakrájené na kostky
- 1/2 šálku rajčat
- 1/2 šálku nakrájené okurky
- 1/2 šálku pampeliškových listů

**OBVAZ:**
- 1 polévková lžíce. olivový olej a 1 polévková lžíce. z Chlorelly
- 1 polévková lžíce. čerstvou citronovou šťávu a špetku mořské soli

**INSTRUKCE:**
a) Suroviny dejte v tomto pořadí: dresink, rajčata, okurky, dýně a listy pampelišky.

## 54. Salát z cizrny, rajčat a papriky ve sklenici

**SLOŽENÍ:**
- 3/4 šálku cizrny
- 1/2 šálku rajčat a 1/2 šálku pampeliškových listů
- 1/2 šálku nakrájené okurky
- 1/2 šálku žluté papriky

**OBVAZ:**
- 1 polévková lžíce. olivový olej a 2 lžíce. Řecký jogurt
- 1 polévková lžíce. čerstvou citronovou šťávu a špetku mořské soli

**INSTRUKCE:**
a) Suroviny dejte v tomto pořadí: dresink, okurka, rajče, cizrna, paprika a listy pampelišky.

## 55. Zelená řepa, mrkev, salát z řepy a cherry rajčat

**SLOŽENÍ:**
- 1 šálek balené řepné zelené
- 1/2 šálku nakrájené mrkve
- 1 šálek cherry rajčat
- 1 šálek nakrájené řepy
- 1/2 šálku pampeliškových listů

**OBVAZ:**
- 1 polévková lžíce. olivový olej nebo avokádový olej
- 1 polévková lžíce. čerstvou citronovou šťávu
- špetka černého pepře
- špetka mořské soli a jeden prolisovaný stroužek česneku (volitelně)

**INSTRUKCE:**
a)   Smíchejte všechny přísady.

## 56. Rajčata, kuřecí maso, okurky, pampeliška salát ve sklenici

**SLOŽENÍ:**
- 1/2 šálku grilovaného kuřete
- 1/2 šálku rajčat
- 1/2 šálku nakrájených okurek
- 1/2 šálku pampeliškových listů

**OBVAZ:**
- 1 polévková lžíce. olivový olej a 2 lžíce. Řecký jogurt
- 1 polévková lžíce. čerstvou citronovou šťávu a špetku mořské soli

**INSTRUKCE:**
a) Suroviny dejte v tomto pořadí: dresink, kuře, rajče, okurky a pampeliška.

## 57. Kuskus, kuřecí a pampeliškový salát

## SLOŽENÍ:
### NA SALÁT
- 4 vykostěná kuřecí prsa bez kůže
- 7 oz pytlík kapusty
- ½ libry natrhané pampelišky
- několik tenkých plátků červené cibule
- 1/2 sladké červené papriky, nakrájené na proužky
- 1 1/2 šálku hroznových rajčat nakrájených na polovinu
- 1 mrkev, nakrájená na proužky
- 1 Krvavý pomeranč, rozpůlený a lehce grilovaný

### NA MARINÁDU:
- 2 lžíce čerstvě vymačkané citronové šťávy
- 1 lžička sušeného oregana
- 1 lžička česneku, drceného
- košer sůl podle chuti
- čerstvě mletý černý pepř podle chuti

### PRO BÍLÝ BALZAMICKÝ VINAIGRETTE:
- 1/4 šálku bazalkových listů
- 3 lžíce bílého balzamikového octa
- 2 lžíce nakrájené šalotky
- 1 lžíce vody
- 2 lžíce extra panenského olivového oleje
- špetka soli a čerstvě mletého černého pepře

## INSTRUKCE:
a) Ingredience na marinádu - citronovou šťávu, oregano, česnekové pyré, sůl a černý pepř smícháme a nalijeme na kuře, necháme marinovat.
b) Všechny ingredience vinaigrette vložte do mixéru a rozmixujte do hladka. Dát stranou.
c) Kuře grilujeme z obou stran dozlatova.
d) Navrstvěte zeleninu a poklaďte kuřecím masem a pokapejte balzamikovým dresinkem.

## 58.Pampeliškový těstovinový salát

**SLOŽENÍ:**
- 3 šálky vařených těstovin
- 2 PL octa
- 1½ šálku nakrájených rajčat, okapaných
- 1 PL olivového oleje
- 1 šálek pampelišky, předvařené
- 8 oliv, nakrájených na plátky
- 2 divoké pórky, mleté, zelené a allor 2 lžíce mleté cibule
- ½ lžičky soli

**INSTRUKCE:**
a) Kombinujte a užívejte si!

## 59.Zvadlé Pampeliška Zelení Se Slaninou

## SLOŽENÍ:

- 1 lžíce celého hořčičného semínka
- 2 lžičky přepuštěného másla nebo ghí
- 4 unce slaniny z pastvy, nakrájené
- 1 malá šalotka, nakrájená
- 1 libra mladé pampelišky
- 2 lžičky červeného vinného octa

## INSTRUKCE:

a) Umístěte litinovou nebo nerezovou pánev na vysokou teplotu. Přidejte celá hořčičná semínka na pánev a jemně je opékejte, dokud neuvolní vůni, asi dvě minuty. Opražená hořčičná semínka přendejte do misky nebo misky vychladnout.

b) Snižte teplotu na střední. Na pánev přidejte jednu lžičku přepuštěného másla nebo ghí a nechte rozpustit, dokud nezačne pěnit. Přidejte na pánev nakrájenou slaninu a smažte ji, dokud nebude křupavá a tuk se nerozpustí. Opečenou slaninu přendejte do misky s opečenými hořčičnými semínky.

c) Do stejné pánve se zbývajícím slaninovým tukem přidejte nakrájenou šalotku. Smažte šalotku, dokud se nerozvoní a nezměkne, asi tři minuty.

d) Do pánve vmíchejte pampeliškovou zeleninu se změklou šalotkou a slaninou. Okamžitě vypněte teplo, protože zelenina ve zbytkovém teple pánve zvadne.

e) Nalijte ocet z červeného vína na zvadlé pampelišky a pokračujte v míchání, dokud zelení nezvadne podle vašich představ.

f) Přendejte zvadlé pampelišky do servírovací misky. Navrch posypeme opraženými hořčičnými semínky a křupavou slaninou.

g) Zvadlé pampelišky ihned podávejte jako lahodnou přílohu nebo lehké jídlo.

# POLÉVKY

## 60.Pampeliška A Bramborová Polévka

## SLOŽENÍ:
- 2 šálky nakrájených brambor
- 1 šálek nasekané čerstvé pampelišky, umyté
- 1/2 cibule, nakrájená na kostičky
- 2 stroužky česneku, mleté
- 4 hrnky zeleninového nebo kuřecího vývaru
- 1/2 šálku husté smetany
- 2 lžíce másla
- Sůl a pepř na dochucení
- Volitelná obloha: nasekaná pažitka nebo petrželka

## INSTRUKCE:
a) Ve velkém hrnci na středním plameni rozpustíme máslo. Přidejte na kostičky nakrájenou cibuli a nasekaný česnek a restujte do změknutí, asi 3-4 minuty.
b) Do hrnce přidáme na kostičky nakrájené brambory a zalijeme zeleninovým nebo kuřecím vývarem. Směs přiveďte k varu, poté snižte teplotu na minimum a nechte 15–20 minut vařit, nebo dokud brambory nezměknou.
c) Pomocí ponorného mixéru nebo přemístěním do mixéru po dávkách rozmixujte polévku do hladka.
d) Vmícháme nakrájenou pampelišku a hustou smetanu. Nechte polévku vařit dalších 5-7 minut, dokud zelí nezvadne a polévka se neprohřeje.
e) Dochuťte solí a pepřem podle chuti. Podávejte horké, podle potřeby ozdobené nasekanou pažitkou nebo petrželkou. Vychutnejte si tuto uklidňující a výživnou pampeliškovou a bramborovou polévku.

## 61.Humr A Pampeliška Polévka S lívanečky

**SLOŽENÍ:**
- 1 lžíce olivového oleje
- 1 libra klobásy chorizo, nakrájené na plátky
- 2 šálky cibule, julienned
- 8 šálků humrového, krevetového nebo rybího vývaru
- 12 celých stroužků česneku, oloupaných
- 2 zelené chilli papričky nakrájené na tenké kroužky
- 3 šálky nahrubo nasekané pampelišky
- 2 šálky nakrájených rajčat
- 3 pomeranče, odšťavněné
- 2 ostnaté nebo mainské humry, nakrájené na polovinu
- Sůl
- Drcené vločky červené papriky
- ½ šálku kokosového mléka
- 2 lžíce jemně nasekaných čerstvých listů koriandru
- 1 recept na pikantní lívanečky
- 1 recept na majonézu z červené papriky

**INSTRUKCE:**
a) Nalijte 1 polévkovou lžíci olivového oleje do velkého hrnce a zahřejte na středním plameni.
b) Přidejte klobásu a cibuli a vařte dvě minuty.
c) Za stálého míchání vývaru, česneku a chilli přiveďte k varu.
d) Vařte 60 minut.
e) Přidejte půlky humra, pampelišku, rajčata a pomerančový džus a dochuťte solí a vločkami červené papriky.
f) Vařte 30 minut.
g) Přidejte kokosové mléko a koriandr a promíchejte.
h) Do každé misky vložte polovinu humra.
i) Humry podávejte s vývarem nahoře.
j) Přidejte lívanečky a kopeček majonézy jako ozdobu.

## 62.Pomalý hrnec veganský vývar z kostí

## SLOŽENÍ:

- 1 šálek pampelišky
- 2 hrnky sušených hub
- kousek zázvoru velikosti palce
- ¼ šálku gelu z mořského mechu
- 3 suché nebo čerstvé bobkové listy
- 1 šálek sušené řasy
- hrst koriandru nebo koriandru
- 10 šálků pramenité vody

## INSTRUKCE:

a) Do pomalého hrnce přidejte všechnu zeleninu, gel z mořského mechu a mořskou sůl.
b) Podlijeme jarovou vodou a vaříme 8 hodin na mírném plameni.
c) Po uvaření umístěte přes velkou skleněnou mísu sítko a přes sítko do mísy nalijte vývar.
d) Uchovávejte svůj domácí veganský vývar v čistých skleněných nádobách a uchovávejte jej v chladničce po dobu 5 až 7 dnů. Ve formách na led lze zmrazit až 3 měsíce.
e) Tento veganský vývar z kostí můžete pít tak, jak je (½ šálku denně), nebo jej přidat do domácích polévek a quinoy.
f) Jak se ochladí, zhoustne.

## 63.Pampeliška A Cizrna Kari

## SLOŽENÍ:
- 2 šálky čerstvé pampelišky, umyté a nakrájené
- 1 plechovka (15 uncí) cizrny, okapaná a propláchnutá
- 1 cibule, nakrájená na kostičky
- 2 stroužky česneku, mleté
- 1 lžíce kari
- 1 lžička mletého kmínu
- 1 lžička mletého koriandru
- 1 plechovka (14 uncí) kokosového mléka
- 1 lžíce rostlinného oleje
- Sůl a pepř na dochucení
- Vařená rýže nebo naan chléb k podávání

## INSTRUKCE:
a) Zahřejte rostlinný olej ve velké pánvi nebo hrnci na střední teplotu. Přidejte na kostičky nakrájenou cibuli a nasekaný česnek a restujte do změknutí, asi 3-4 minuty.
b) Do pánve přidejte kari, mletý kmín a mletý koriandr. Vařte další 1-2 minuty, dokud nebude voňavá.
c) Vmícháme nakrájenou pampeliškovou zelí a okapanou cizrnu a obalíme je kořením.
d) Zalijeme kokosovým mlékem a směs přivedeme k varu. Snižte teplotu na minimum a nechte 10–12 minut vařit, aby se chutě spojily.
e) Dochuťte solí a pepřem podle chuti. Podávejte pampeliškové a cizrnové kari horké s vařenou rýží nebo s chlebem naan pro lahodné a uspokojující jídlo.

## 64.Krém Z Pampeliškové Polévky

## SLOŽENÍ:

- 4 šálky nasekaných pampeliškových listů
- 2 šálky okvětních plátků pampelišky
- 2 šálky pupenů pampelišky
- 1 PL másla nebo olivového oleje
- 1 šálek nakrájeného divokého pórku (nebo cibule)
- 6 stroužků česneku, mletého
- 4 šálky vody
- 2 šálky půl-n-půl nebo husté smetany
- 2 lžičky soli

## INSTRUKCE:

a) Jemně povařte listy pampelišky v 6 šálcích vody. Vylijte hořkou vodu. Podruhé povaříme doměkka, slijeme hořkou vodu.
b) V polévkovém hrnci se silným dnem orestujte na másle nebo olivovém oleji divoký pórek a česnek do měkka. Přidejte 4 šálky vody.
c) Přidejte listy pampelišky, okvětní lístky, poupata a sůl. Mírně vařte asi 45 minut.
d) Přidejte smetanu a ještě pár minut povařte. Ozdobte okvětními lístky.

## 65. Hráškovo-pampelišková polévka z pupenů

## SLOŽENÍ:
- 1 šálek hrachu
- 1 lžička soli
- 6 šálků vody
- 2 lžíce másla
- 4-5 stroužků česneku, mletého
- 1/2 šálku cibule, nakrájené
- 1/2 šálku celeru, nakrájeného na tenké plátky
- 2 šálky pupenů pampelišky
- 1/2 lžičky bazalky
- 1/2 lžičky šalvěje
- 1/2 lžičky slané
- 1 šálek mléka
- 1-2 šálky nakrájeného sýra

Obloha:
- Pampeliška květ okvětní lístky

## INSTRUKCE:
a) Hrách vařte v 6 šálcích vody se solí 1½ až 2 hodiny, dokud nebude hotový.
b) V samostatné pánvi orestujte česnek, cibuli, celer a pupeny pampelišky na másle, dokud nezměknou.
c) K restované směsi přidejte bazalku, šalvěj a slané.
d) Orestovanou zeleninu smícháme s uvařeným vývarem z hrášku. Pomalu dusíme asi 30 minut.
e) Těsně před podáváním vmíchejte mléko a nakrájený sýr, dokud se sýr nerozpustí.
f) Před podáváním ozdobte okvětními lístky pampelišky.

## 66. Dýňovo-pampelišková polévka

## SLOŽENÍ:
- 1 velká hrst pampelišky zelené
- 1 malá dýně
- 1 střední až velká cibule, nakrájená
- 1 ½ lžičky soli
- 2 polévkové lžíce máslo nebo olivový olej
- 6 stroužků česneku, mletého
- 6 šálků vody
- 1 šálek husté smetany
- ½ lžičky muškátového oříšku

## INSTRUKCE:
a) Nakrájejte listy pampelišky na kousky velikosti sousta. Vaříme ve vroucí vodě do měkka. Scedíme a ochutnáme. Pokud je příliš hořké, proces vaření a pasírování zopakujte.
b) Celou dýni pečte na plechu při 350 °F asi 1 hodinu nebo dokud nebude úplně měkká. Necháme vychladnout, poté rozpůlíme a semena vyhodíme. Oloupejte kůru.
c) V polévkovém hrnci se silným dnem orestujte na oleji nebo másle nakrájenou cibuli a prolisovaný česnek, dokud nezměknou.
d) Do hrnce s orestovanou cibulí a česnekem přidejte 6 šálků vody. Do hrnce přidejte uvařené pampelišky a rozmačkanou dýni. Dobře promíchejte. Dochutíme solí. Vařte na mírném ohni 30 minut.
e) Těsně před podáváním vmíchejte 1 šálek husté smetany a ½ lžičky muškátového oříšku. V případě potřeby upravte koření.

# DEZERT

# 67. Jahodový Bavarois S Lopuchovým želé

## SLOŽENÍ:
### PRO JAHODOVÝ BAVAROIS:
- 500 g čerstvých zralých jahod, oloupaných a omytých
- 50 g moučkového cukru
- 120 g moučkového cukru
- 50 ml studené vody
- 3 žloutky
- 2 listy želatiny, vykvetlé
- 200 g jahodového pyré, chlazeného
- 300 ml smetany ke šlehání

### NA JAHODOVOU ZMRZLINU:
- 250 g čerstvých velmi zralých jahod, oloupaných a omytých
- 150 ml dvojité smetany
- 75 ml mléka
- 75 g moučkového cukru

### PRO PAMPELIČKU A LOPUČÍ ŽELÉ:
- 275ml nápoj z pampelišky a lopuchu
- 50 g moučkového cukru
- 2 listy želatiny, vykvetlé
- 25 g čerstvé snítky mikro máty na ozdobu
- 20 g lyofilizovaných kousků jahod na ozdobu

## INSTRUKCE:
a) Na pečené jahody pro Bavarois:
b) Troubu předehřejte na 180°C/plyn 4 a plech vyložte nepřilnavým pečicím papírem.
c) Jahody rozprostřete na připravený plech, poprašte moučkovým cukrem a pokapejte 2 lžícemi studené vody.
d) Jahody restujte 12–15 minut, dokud nezměknou a neobjeví se růžová šťáva. Zcela vychladnout.

### NA JAHODOVOU ZMRZLINU:
e) Mixujte všechny ingredience na zmrzlinu po dobu 1 minuty.
f) Uvařte ve zmrzlinovači nebo zmrazte za občasného šlehání.

### PRO BAVAROIS:
g) Nad vroucí vodou šlehejte moučkový cukr, vodu a žloutky po dobu 12 minut, dokud nebudou husté a světlé.

h) Odstraňte z ohně, přidejte želatinu a šlehejte, dokud se nerozpustí. Vmícháme vychlazené jahodové pyré.
i) Přendejte do čisté misky na led, aby vychladla. Smetanu vyšleháme napůl a vmícháme do jahodové směsi.
j) Bavarois směsí natřete opečené jahody v dezertních skleničkách a dejte na 4 hodiny do chladu, dokud neztuhnou.
k) Pro pampelišku a lopuchové želé:
l) Nápoj z pampelišky a lopuchu zahřejte s cukrem, dokud se cukr nerozpustí. Odstraňte z ohně a přidejte želatinu. Míchejte, dokud se nerozpustí.
m) Směs přeceďte do nádoby a dejte na 4 hodiny do lednice, dokud neztuhne.

**SLOUŽIT:**
n) Na bavorák naaranžujte odložené opečené jahody.
o) Mezi jahody dejte malé kopečky pampelišky a lopuchového želé a ke každému dezertu přidejte kopeček jahodové zmrzliny.
p) Ozdobte mikro mátou a lyofilizovanými kousky jahod. Ihned podávejte.

## 68.Holandský Kukuřičný Koláč S Pampeliškou Zelení

## SLOŽENÍ:
- 6 vajec
- 1½ šálku půl na půl
- 4 plátky slaniny
- 2 šálky kukuřičných zrn, nakrájených asi ze 3 klasů nebo zmrazených
- 3 jarní cibulky, nakrájené na tenké plátky
- ½ šálku nakrájené pampelišky
- ½ šálku nasekané petrželky
- Posypová sůl
- Posypte čerstvě mletým černým pepřem
- Máslo, na mazání
- 1 hrnek bezlepkové strouhanky panko chleba
- 1 lžíce olivového oleje

## INSTRUKCE:
a) Předehřejte troubu na 400 °F.
b) Ve střední misce rozšlehejte vejce a přidejte půl na půl. Dát stranou.
c) Slaninu opečeme, scedíme a nakrájíme na kousky. Dát stranou.
d) Smíchejte vaječnou směs s kukuřicí, slaninou, jarní cibulkou, pampeliškovou zelí, petrželkou, solí a pepřem.
e) 10palcový koláčový plech štědře vymažte máslem a poté nalijte vaječnou směs.
f) V malé misce promíchejte strouhanku s olivovým olejem a poté je rozmístěte po povrchu.
g) Pečte 40 až 45 minut, nebo dokud vejce neztuhnou. Podávejte teplé.

## 69.Dort z květů pampelišky

**SLOŽENÍ:**
- 2 lžičky prášku do pečiva
- 2 hrnky mouky
- 1½ lžičky jedlé sody
- 1 lžička skořice
- 1 lžička soli
- 1 hrnek cukru
- 1 šálek sirupu z květů pampelišky
- 1½ šálku oleje
- 4 vejce
- 2 šálky okvětních lístků květů pampelišky
- 1 plechovka drceného ananasu
- ½ šálku vlašských ořechů
- ½ šálku kokosu

**PLÁVA**
- 18-oz balení smetanového sýra, pokojová teplota
- 1 hrnek moučkového cukru
- 1 nebo 2 PL mléka

**INSTRUKCE:**
a) Prosejte dohromady suché ingredience. V samostatné misce ušlehejte cukr, pampeliškový sirup, olej a vejce do krémové hmoty.
b) Přidejte ananas, vlašské ořechy a kokos a dobře promíchejte.
c) Do směsi vmíchejte suché přísady, dokud se dobře nespojí.
d) Těsto nalijte do vymazané dortové formy 9×13 a pečte při 350° asi 40 minut.

## 70.Pampeliška šifonové sušenky

## SLOŽENÍ:

- 1/2 šálku rostlinného oleje
- 1/2 šálku medu
- 2 vejce
- 1 hrnek mouky
- 1 šálek suchého ovsa
- 1/2 šálku okvětních lístků pampelišky
- 1 lžička citronového extraktu
- Volitelně: 1/2 šálku ořechů, nasekaných

## INSTRUKCE:

a) Předehřejte troubu na 375 °F (190 °C).
b) Ve velké míse smíchejte rostlinný olej, med a vejce. Míchejte, dokud se dobře nesmíchá.
c) K mokrým ingrediencím přidejte mouku a suchý oves a míchejte, dokud se vše důkladně nespojí.
d) Jemně vmíchejte okvětní lístky pampelišky a nasekané ořechy (pokud je používáte), aby byly rovnoměrně rozmístěny v těstě na sušenky.
e) Nasypte po lžících těsto na sušenky na vyložený nebo tukem vymazaný plech, mezi jednotlivými sušenkami ponechejte mezeru na roztírání.
f) Pečte v předehřáté troubě 10-15 minut, nebo dokud nebudou sušenky po okrajích zlatavě hnědé.
g) Po upečení vyjměte sušenky z trouby a nechte je několik minut vychladnout na plechu, než je přenesete na mřížku, aby zcela vychladly.
h) Vychutnejte si své domácí pampeliškové sušenky se sklenicí mléka nebo oblíbeným horkým nápojem!

## 71.Sušenky z arašídového másla z pampelišky

## SLOŽENÍ:
- ½ šálku másla, změkl
- 1 lžička vanilkového extraktu
- ½ šálku arašídového másla
- 1 lžička jedlé sody
- ½ šálku medu
- 1 šálek víceúčelové mouky
- 1 vejce
- 1 šálek celozrnné mouky
- ½ šálku okvětních lístků pampelišky (jen okvětní lístky) volně zabalené

## INSTRUKCE:
a) Předehřejte troubu na 400 stupňů. Plechy na cukroví vyložte pečicím papírem nebo silikonovou pečicí podložkou.
b) Prosejeme mouku a jedlou sodu. Dát stranou.
c) Máslo, arašídové máslo a med utřete do světlé a nadýchané hmoty. Vmíchejte vejce a vanilkový extrakt, dokud se důkladně nezapracují. Do máslové směsi přidejte prosáté suché ingredience a míchejte, dokud nevznikne vláčné těsto. Přiklopte okvětními lístky pampelišky. Plné po lžících dávejte na připravený plech.
d) Pečte v předehřáté troubě 13 až 15 minut nebo dokud okraje nezezlátnou.
e) Ochlaďte na drátěných roštech.

# 72. Pampeliška Okvětní Lístek A Citronové Sušenky S Kale Citronové mrholení

## SLOŽENÍ:
### PRO COOKIES:
- ¼ šálku okvětních lístků pampelišky, umyté
- 2/3 šálku (150 ml) rostlinného oleje
- 1/3 šálku (75 g) moučkového cukru
- 1 lžička vanilkového extraktu
- 1 lžíce citronové šťávy
- ½ lžičky citronové kůry
- 1 šálek (80 g) ovesných vloček
- 1 hrnek (115 g) víceúčelové mouky
- 1 lžička prášku do pečiva
- ¼ lžičky soli

### NA KALE CITRONOVOU KAPENU:
- ½ lžíce čerstvě odšťavněného kapusty
- 1/2 šálku (65 g) moučkového krupicového cukru
- 1 lžíce citronové šťávy

## INSTRUKCE:
a) Předehřejte troubu na 425 °F (220 °C). Plechy vyložte pečicím papírem.
b) Olej, cukr, vanilku, citronovou šťávu a kůru vyšleháme dohladka. V samostatné misce prošlehejte oves, mouku, prášek do pečiva, sůl a okvětní lístky pampelišky. Mokré ingredience přidáme k suchým a mícháme, aby se spojily.
c) Lžičky směsi nasypte na vymazané plechy. Jemně zatlačte dolů zadní částí vidličky. Vařte 7–10 minut nebo dokud nezačnou zlátnout.
d) Nechte 10 minut chladnout na plechu a poté přesuňte na mřížku, aby zcela vychladla.
e) Na kapustu a citronovou šťávu:
f) Všechny ingredience smíchejte do hladka. Pokapeme vychladlé sušenky.

# 73. Křehké sušenky z pampelišky

## SLOŽENÍ:

- 1 šálek másla, změkl
- 1/2 šálku cukru
- 1/2 až 1 šálek okvětních lístků pampelišky (pouze žluté části)
- 2 1/2 šálků mouky
- 1 špetka soli

## INSTRUKCE:

a) Předehřejte troubu na 325 stupňů Fahrenheita (165 stupňů Celsia).
b) V mixovací misce šlehejte změklé máslo a cukr pomocí mixéru do světlé a nadýchané hmoty, asi 3 minuty.
c) Přidejte okvětní lístky pampelišky do směsi másla a cukru a prošlehejte, aby se zapracovaly.
d) Postupně do směsi přidávejte mouku a sůl a šlehejte, dokud se úplně nezapracuje. Těsto může být zpočátku drobivé, ale začne se spojovat.
e) Jakmile je veškerá mouka přidána, šlehejte na nízkou rychlost ještě asi minutu.
f) Těsto jemně hněteme rukama, dokud se nevytvoří soudržná koule.
g) Těsto rozválejte na požadovanou tloušťku a vykrajujte tvary pomocí oblíbených vykrajovátek na cukroví.
h) Sušenky dejte na plech vyložený pečicím papírem.
i) Sušenky pečte v předehřáté troubě asi 20 až 25 minut, nebo dokud nezačnou zespodu hnědnout a navrchu nejsou úplně propečené.
j) Vyjměte sušenky z trouby a přesuňte je na chladicí mřížku. Než si je pochutnáte, nechte je úplně vychladnout.

## 74.Pampeliška Baklava

## SLOŽENÍ:

- 1/2 krabice fillo listy
- 1 tyčinka másla
- 2 šálky jemně nasekaných ořechů hickory (můžete použít i vlašské nebo pekanové)
- 1 lžička cukru
- 1/2 lžičky skořice
- 1/2 lžičky muškátového oříšku
- 3/4 šálku sirupu z květů pampelišky

## INSTRUKCE:

a) Předehřejte troubu na 375 °F (190 °C). Vymažte máslem pekáč 9x13 palců.
b) V misce smíchejte najemno nasekané ořechy s cukrem, skořicí a muškátovým oříškem.
c) Rozpusťte tyčinku másla.
d) Do máslem vymazané pánve o rozměrech 9 x 13 palců navrstvěte 8 plátů fillo listů a každý druhý plát potřete rozpuštěným máslem pomocí štětce na pečivo.
e) Navrstvené pláty fillo rovnoměrně posypte polovinou ořechové směsi.
f) Na ořechovou směs navrstvěte dalších 8 plátů fillo listů a poté na tyto pláty rovnoměrně posypte zbývající ořechovou směsí.
g) Na ně navrstvěte zbytek plátků fillo, vrchní vrstvu bohatě potřete rozpuštěným máslem.
h) Sestavenou baklavu před pečením opatrně nakrájejte ostrým nožem na 30 čtverců (6x5).
i) Pečte v předehřáté troubě asi 30 minut nebo do zlatova.
j) Jakmile baklava lehce zhnědne, vyjměte ji z trouby a ještě horkou horkou baklavu ihned zalijte sirupem z květů pampelišky pokojové teploty.
k) Před podáváním nechte baklavu v pánvi úplně vychladnout. Užijte si tento jedinečný twist na tradiční baklavu s nádhernou chutí sirupu z květů pampelišky!

## 75.Pampeliškový medový dort

## SLOŽENÍ:
- 2 hrnky univerzální mouky
- 1 šálek okvětních lístků pampelišky (čerstvé a důkladně omyté)
- 1 šálek medu
- 1 šálek krystalového cukru
- 1 šálek nesoleného másla, změkčeného
- 4 vejce
- 1 lžička vanilkového extraktu
- 1 lžička prášku do pečiva
- 1/2 lžičky jedlé sody
- 1/2 lžičky soli
- 1 šálek podmáslí

## INSTRUKCE:
a) Předehřejte troubu na 350 °F (175 °C). Pekáč o rozměrech 9 x 13 palců vymažte tukem a moukou.
b) V míse smíchejte mouku, prášek do pečiva, jedlou sodu a sůl. Dát stranou.
c) V jiné misce ušlehejte máslo, med a cukr, dokud nebude světlá a nadýchaná.
d) Přišlehejte vejce, jedno po druhém, dokud se dobře nespojí. Vmícháme vanilkový extrakt.
e) Postupně přidávejte suché ingredience k mokrým, střídavě s podmáslím a míchejte, dokud se nespojí. Pozor, nepřemíchat.
f) Jemně přiklopte okvětní lístky pampelišky.
g) Těsto nalijte do připraveného pekáče a rovnoměrně rozprostřete.
h) Pečte v předehřáté troubě 30-35 minut, nebo dokud párátko zapíchnuté do středu nevyjde čisté.
i) Dort nechte 10 minut vychladnout ve formě, než jej přendejte na mřížku, aby zcela vychladl. Plátky dortu podávejte podle potřeby pokapané medem.

# 76. Tyčinky z pampelišky a citronu

## SLOŽENÍ:

- 1 hrnek univerzální mouky
- 1/2 hrnku moučkového cukru plus další na posypání
- 1/2 šálku nesoleného másla, změkčeného
- 2 lžíce čerstvých okvětních lístků pampelišky (omyté a důkladně osušené)
- 1 šálek krystalového cukru
- 2 lžíce univerzální mouky
- 1/2 lžičky prášku do pečiva
- Špetka soli
- 2 velká vejce
- Kůra z 1 citronu
- 1/4 šálku čerstvé citronové šťávy

## INSTRUKCE:

a) Předehřejte troubu na 350 °F (175 °C). Vymažte a vyložte pekáč o rozměrech 8 x 8 palců pečicím papírem, přičemž po stranách nechte přesah pro snadné vyjmutí.
b) V míse smíchejte mouku, moučkový cukr, změklé máslo a okvětní lístky pampelišky. Míchejte do drobení.
c) Směs natlačíme na dno připraveného pekáče v rovnoměrné vrstvě. Pečte 15–20 minut, nebo dokud nebudou lehce zlatavé.
d) Zatímco se kůrka peče, připravte si citronovou náplň. V jiné míse prošlehejte krystalový cukr, mouku, prášek do pečiva a sůl.
e) K suchým ingrediencím přidejte vejce, citronovou kůru a citronovou šťávu a šlehejte, dokud se dobře nespojí.
f) Horkou kůrčičku přelijte citronovou náplní a vraťte pánev do trouby.
g) Pečte dalších 20–25 minut, nebo dokud náplň neztuhne a okraje lehce nezezlátnou.
h) Tyčinky nechte úplně vychladnout v pánvi na mřížce.
i) Po vychladnutí posypeme vrch moučkovým cukrem. Nakrájíme na čtverečky a podáváme.

# KOMĚNÍ

## 77. Marmeláda z pampelišky

**SLOŽENÍ:**
- 2½ hrnku cukru
- ¾ šálku čerstvě vymačkané pomerančové šťávy
- 3 lžíce nastrouhané bio pomerančové kůry
- 1½ šálku žlutých okvětních plátků pampelišky (odstraněna většina zelených kousků)
- ¾ šálku vody
- 1 (1,75 unce) balíček Sure-Jell pektin

**INSTRUKCE:**

a) Vložte cukr, pomerančový džus, pomerančovou kůru a okvětní lístky pampelišky do misky kuchyňského robotu nebo mixéru.

b) Několikrát promíchejte, dokud se dobře nesmíchá.

c) V malém hrnci rozšlehejte na středním plameni vodu a pektin, dokud se dobře nespojí.

d) Přiveďte k varu po dobu 1 minuty (ne méně). Tento krok je nezbytný pro vytvoření husté marmelády.

e) Sundejte z plotny a horký pektin ihned přidejte do cukrové směsi za chodu procesoru nebo mixéru.

f) Marmeláda tuhne velmi rychle. Připravte si 4 sterilizované sklenice a víčka k plnění, utěsnění a chlazení.

g) Podávejte na toastu k snídani nebo jako polevu na kuřecí prsa.

# 78.Čerstvé pampeliškové pesto

**SLOŽENÍ:**
- 2 šálky pampelišky
- 1/2 šálku olivového oleje
- 1/2 šálku strouhaného parmazánu 2 lžičky drceného česneku
- sůl podle chuti (volitelné)
- 1 špetka vloček červené papriky nebo podle chuti (volitelně)

**SLOŽENÍ:**
a) V kuchyňském robotu přidejte všechny ingredience a rozmixujte dohladka.

## 79. Sirup z květů pampelišky

**SLOŽENÍ:**
- 1 litr květů pampelišky
- 1 litr (4 šálky) vody
- 4 šálky cukru
- 1/2 citronu nebo pomeranče (pokud možno bio), nakrájené (kůra a vše) - volitelné

**INSTRUKCE:**
a) Vložte květy pampelišky a vodu do hrnce. Směs přiveďte k varu, poté vypněte oheň, přikryjte hrnec a nechte přes noc odležet.
b) Druhý den směs přecedíme, aby se oddělila tekutina od odkvetlých květů. Stiskněte květy, abyste vytáhli co nejvíce tekutiny.
c) Do přecezené tekutiny přidejte cukr a nakrájené citrusy (pokud používáte).
d) Směs pomalu zahřívejte v hrnci za občasného míchání několik hodin nebo dokud se nezredukuje na hustou sirupovitou konzistenci. To může chvíli trvat, takže buďte trpěliví a pokračujte v občasném míchání, aby nedošlo k připálení.
e) Jakmile sirup dosáhne požadované konzistence, stáhněte jej z ohně.
f) Sirup lze skladovat v půllitrových nebo 1litrových sklenicích. Ujistěte se, že dodržujete správné postupy zavařování, aby byly sklenice řádně utěsněny.
g) Vychutnejte si svůj domácí sirup z pampeliškových květů jako sladidlo v různých receptech nebo jej darujte jako promyšlený domácí dárek během prázdnin.

# 80.Pampeliška Želé S Medem

**SLOŽENÍ:**
- 1 šálek (asi 100 květů) okvětních lístků pampelišky
- 1¾ šálku vody
- 1 šálek medu nebo 2 šálky organického nebo non-GMO cukru
- 1½ lžičky citronové šťávy

**INSTRUKCE:**
a) Jakmile pampelišky nasbíráte, omyjte je a odstraňte stonky, aby z nich zůstal jen květ.
b) Zelený základ květiny je třeba odstranit; žluté okvětní lístky budou uloženy na želé. Nejjednodušší způsob, jak odstranit okvětní lístky, je natrhnout základnu květiny, otevřít květinu, vybrat žluté okvětní lístky a vložit je do odměrky.
c) Je téměř nemožné nepřimíchat část zelené části k okvětním lístkům, protože vaše prsty budou lepkavé. Trochu zelené přimíchané neovlivní chuť, ale snažte se je oddělit.
d) Odstraňte okvětní lístky ze zeleného základu.
e) Poté do střední pánve přidejte okvětní lístky pampelišky do vody a vařte 10 minut. Nechte pánev vychladnout, přendejte do skleněné mísy a na noc přikryjte. Pampeliškovou směs můžeme nechat při pokojové teplotě.
f) Podusíme a necháme přes noc vychladnout.
g) Poté, co se okvětní lístky přes noc namočí, použijte jemné síto k oddělení kapaliny z pampelišky od okvětních lístků. Zadní stranou lžíce zatlačte okvětní lístky do sítka, abyste z nich odstranili další tekutinu. Ve středně velkém nereaktivním hrnci zahřejte pampeliškovou tekutinu, med nebo cukr a citronovou šťávu a přiveďte k varu. Při přidávání pektinu postupujte podle pokynů na obalu. Jakmile přidáte pektin, vypněte teplo a začněte s dalším krokem.
h) Sceďte okvětní lístky z tekutiny.
i) Horké želé nalijte do teplých připravených sklenic. Pomocí trychtýře bezpečně přeneste želé a ponechejte ¼ palce volného prostoru.
j) Okraje sklenic otřete navlhčeným, čistým hadříkem nepouštějícím vlákna nebo papírovou utěrkou a znovu suchým ručníkem.

k) Umístěte na sklenici víko a otáčejte kroužkem, dokud nebude těsně přiléhat ke sklenici. Umístěte sklenice do nádoby s vodní lázní a přikryjte víkem. Jakmile voda dosáhne varu, spusťte časovač a zpracujte ve vodní lázni 10 minut.
l) Opatrně vyjměte sklenice z vodní lázně pomocí konzervárenských kleští a položte je na 12 hodin na ručníkem vyložený povrch, aniž byste se dotkli.
m) Po 12 hodinách sejměte kroužky sklenic a otestujte, abyste se ujistili, že všechna víčka jsou na sklenicích bezpečně utěsněna, poté sklenice označte a označte datem. Po porušení těsnění dejte do lednice.

## 81. Pampelišková hořčice

## SLOŽENÍ:
- 1 šálek žlutých hořčičných semínek (celých)
- 1/2 šálku sirupu z květů pampelišky
- 3 stroužky česneku, nasekané
- 1 1/4 šálku pampeliškového octa
- 1 šálek pyré z čerstvé pampelišky
- 3/4 lžičky soli

## INSTRUKCE:
a) Hořčičná semínka namočte na několik hodin nebo přes noc do pampeliškového octa.
b) K namočeným hořčičným semínkům přidejte nasekaný česnek, sirup z květů pampelišky, pyré z pampelišky a sůl.
c) Všechny ingredience dobře promíchejte a nechte je několik dní odležet v zakryté nádobě, aby změkly.
d) Po několika dnech přelijte hořčičnou směs do malých sklenic. (1/4 pinty funguje dobře)
e) Sklenice s hořčicí skladujte v lednici, kde vám vydrží po mnoho měsíců. Alternativně jej můžete ve vroucí vodní lázni po dobu 10 minut uzavřít.

## 82.Pampeliška vinaigrette

**SLOŽENÍ:**

- 1 1/2 šálku olivového oleje
- 3/4 šálku pampeliškového octa (připraveného podle výše uvedeného receptu)
- 4 stroužky česneku
- 1/2 lžičky soli
- 2 lžíce pampeliškové hořčice (nebo dijonské hořčice)
- 3 lžíce sirupu z květů pampelišky
- 2 šálky čerstvé, nasekané pampelišky

**INSTRUKCE:**

a) Smíchejte všechny ingredience (kromě pampelišky) v mixéru nebo kuchyňském robotu.
b) Mixujte, dokud se dobře nespojí a nebude hladké.
c) Před podáváním promíchejte nakrájenou pampelišku s připraveným vinaigrettem.
d) Vychutnejte si svou lahodnou pampeliškovou vinaigrette podávanou s čerstvými saláty nebo jako marinádu na grilovanou zeleninu a maso!

## 83. Pampeliškové želé

## SLOŽENÍ:

- 4 šálky okvětních plátků pampelišky, odstraněné zelené kousky
- 4 šálky vody
- 1 lžíce citronové šťávy
- 1 krabička Sure-Jell práškový pektin
- 4 1/2 šálků cukru

## INSTRUKCE:

a) Vložte okvětní lístky pampelišky do hrnce a přidejte vodu. Přiveďte k varu a poté snižte k varu. Necháme 10 minut probublávat, poté vypneme plamen a necháme hrnec vychladnout.

b) Pomocí želé sáčku nebo kávového filtru sceďte květy z vody. Potřebujete 3 šálky nálevu z pampelišky, ale možná budete mít trochu navíc.

c) Ve velkém hrnci smíchejte nálev z pampelišky, citronovou šťávu a pektinový prášek. Šlehejte a tuto směs přiveďte k varu.

d) Za stálého míchání přidejte najednou všechen cukr a směs vraťte do varu. Vařte 1 minutu.

e) Odstraňte želé z ohně, sejměte pěnu z horní části a nalijte ji do sterilizovaných horkých sklenic.

f) Nádoby zakryjte a zpracujte je ve vodní lázni po dobu 10 minut.

## 84. Pesto z dýňových semínek z pampelišky

## SLOŽENÍ:

- 3/4 šálku nesolených loupaných (zelených) dýňových semínek
- 3 stroužky česneku, nasekané
- 1/4 šálku čerstvě nastrouhaného parmazánu
- 1 svazek pampelišky (asi 2 šálky, volně zabalené)
- 1 lžíce citronové šťávy
- 1/2 šálku extra panenského olivového oleje
- 1/2 lžičky košer soli
- Černý pepř, podle chuti

## INSTRUKCE:

a) Předehřejte troubu na 350 °F. Rozložte dýňová semínka na plech s mělkým okrajem a opékejte, dokud nebudou voňavá, asi 5 minut. Vyjměte z trouby a nechte vychladnout.

b) V misce kuchyňského robotu rozdrťte česnek a dýňová semínka, dokud nejsou velmi jemně nasekané.

c) Do kuchyňského robotu přidejte parmazán, pampelišku a citronovou šťávu. Průběžně zpracováváme, dokud se nespojí. Občas zastavte procesor, abyste oškrábali stěny mísy. Poznámka: Pesto bude velmi husté a po chvíli může být obtížné jej zpracovat, ale to nevadí.

d) Při běžícím kuchyňském robotu pomalu přilévejte olivový olej a zpracujte, dokud nebude pesto hladké.

e) Přidejte sůl a pepř podle chuti a ještě párkrát promíchejte, aby se spojily.

## 85. Pampeliškové máslo s medem

**SLOŽENÍ:**
- 1/2 šálku nesoleného másla, změkčeného
- 2 lžíce okvětních lístků pampelišky (omyté a důkladně osušené)
- 2 lžíce medu

**INSTRUKCE:**
a) V míse smíchejte změklé máslo, okvětní lístky pampelišky a med.
b) Míchejte, dokud se okvětní lístky pampelišky rovnoměrně nerozmístí po celém másle.
c) Pampeliškové máslo přendejte do servírovací misky nebo z něj vytvarujte pomocí pečícího papíru poleno.
d) Máslo vychlaďte v lednici, dokud neztuhne. Podávejte vychlazené nebo při pokojové teplotě.

# 86.Pampeliška Chimichurri

## SLOŽENÍ:

- 1 šálek čerstvé pampelišky (omyté a nakrájené)
- 1/4 šálku čerstvé petrželové natě
- 2 stroužky česneku, mleté
- 1/4 šálku olivového oleje
- 2 lžíce červeného vinného octa
- 1 lžička sušeného oregana
- Sůl a pepř na dochucení

## INSTRUKCE:

a) V kuchyňském robotu nebo mixéru smíchejte pampeliškovou zeleninu, petržel, česnek, olivový olej, červený vinný ocet a sušené oregano.
b) Pulzujte, dokud směs nedosáhne požadované konzistence.
c) Dochuťte solí a pepřem podle chuti. V případě potřeby upravte koření.
d) Přeneste pampelišku chimichurri do servírovací misky a před podáváním ji nechte alespoň 15 minut odležet, aby se chutě propojily.

## 87. Ocet z květů pampelišky

**SLOŽENÍ:**
- 1 šálek květů pampelišky (omyté a důkladně vysušené)
- 2 šálky octa (jako je jablečný ocet nebo bílý vinný ocet)

**INSTRUKCE:**
a) Květy pampelišky vložte do čisté skleněné nádoby.
b) Ocet zahřejte v hrnci těsně před varem.
c) Nalijte horký ocet na květy pampelišky ve sklenici a zcela je zakryjte.
d) Sklenici uzavřete víčkem a nechte alespoň 2 týdny vyluhovat na chladném a tmavém místě.
e) Po 2 týdnech přeceďte ocet, abyste odstranili květy pampelišky. Přeneste ocet z pampeliškových květů do čisté láhve nebo sklenice na uskladnění.

## 88. Směs másla z okvětních lístků pampelišky

## SLOŽENÍ:

- 1/2 šálku nesoleného másla, změkčeného
- 1/4 šálku okvětních lístků pampelišky (omyté a důkladně vysušené)
- 1 lžíce citronové šťávy
- Kůra z 1 citronu
- Sůl podle chuti

## INSTRUKCE:

a) V míse smíchejte změklé máslo, okvětní lístky pampelišky, citronovou šťávu, citronovou kůru a sůl.
b) Míchejte, dokud se okvětní lístky pampelišky rovnoměrně nerozmístí po celém másle.
c) Naneste lžící másla z pampeliškových lístků na kus plastového obalu nebo pergamenového papíru.
d) Máslo vyválíme do tvaru špalku a zatočíme konce, aby se uzavřelo.
e) Máslo vychlaďte v lednici, dokud neztuhne. Nakrájejte a podávejte na grilované maso, zeleninu nebo chléb.

# SMOOTHIES A KOKTEJLY

# 89. Pampeliška Chai

**SLOŽENÍ:**
- 1 šálek pečeného kořene pampelišky
- 6 PL semínek fenyklu nebo anýzu
- 36 zelených lusků kardamomu
- 72 hřebíček
- 6 skořicových tyčinek
- 2 PL sušeného kořene zázvoru
- 1½ lžičky černého pepře
- 12 bobkových listů

**INSTRUKCE:**
a) Na každý šálek vody přidejte 1 polévkovou lžíci čajové směsi. Vařte 5 minut, poté nechte 10 minut louhovat.
b) Přidejte 1 polévkovou lžíci medu nebo hnědého cukru (nebo pampeliškového sirupu) na šálek.
c) Přidejte 2 lžíce mléka nebo smetany na šálek. Jemně prohřejte a podávejte.

## 90.Pivo z pampelišky a lopuchu

## SLOŽENÍ:
- 1 lb mladých kopřiv
- 4 unce. Listy pampelišky
- 4 unce. Kořen lopuchu, čerstvý, nakrájený -NEBO- 2 oz. Sušený kořen lopuchu, nakrájený na plátky
- 1/2 oz. Kořen zázvoru, pohmožděný
- po 2 citronech
- 1 g vody
- 1 lb + 4 t. měkký hnědý cukr
- 1 unce Vinný kámen
- Pivovarské kvasnice (množství viz návod výrobce)

## INSTRUKCE:
a) Do velké pánve dejte kopřivy, listy pampelišky, lopuch, zázvor a najemno nastrouhané kůry z citronů. Přidejte vodu.
b) Přiveďte k varu a vařte 30 minut.
c) Do velké nádoby dejte citronovou šťávu z citronů, 1 l cukru a vinný kámen a přes sítko zalijte tekutinou, dobře přitlačte na kopřivy a ostatní přísady.
d) Míchejte, aby se cukr rozpustil.
e) Ochlaďte na pokojovou teplotu.
f) Přisypeme kvásek.
g) Pivo přikryjeme a necháme na teplém místě 3 dny kvasit.
h) Pivo slijte a slijte do lahví. cukru za půllitr.
i) Nechte lahve v klidu, dokud nebude pivo čiré - asi 1 týden.

## 91. Zahradní zeleninová šťáva

**SLOŽENÍ:**
- 2 hrsti listů kapusty
- 2 listy švýcarského mangoldu
- 1 velká hrst listů špenátu
- ½ okurky
- 1 malá zelená cuketa
- 3 stonky celeru
- 2 listy pampelišky (velké)
- 2 stonky čerstvé majoránky
- špetka citronové šťávy (volitelně)

**INSTRUKCE:**
a) Všechnu zeleninu a bylinky omyjeme, odšťavníme a důkladně promícháme.
b) Podle chuti přidejte citronovou šťávu nebo
c) pokud dáváte přednost silnější citronové chuti, přidejte osminu citronu (vhodnější je organický) a dobře promíchejte, dokud se nesmíchá.

## 92.Smoothie S Pampeliškou A Bazalkou

**SLOŽENÍ:**
- ½ lžičky skořice
- 1 lžíce pečeného kořene pampelišky
- 1 lžička prášku z kořene ashwagandha
- 1 lžička prášku z bazalky posvátné
- 2 šálky ořechového mléka
- 5–7 kostek ledu

**INSTRUKCE:**
a)   Ingredience rozmixujte do hladké konzistence.

# 93.Pokoj Amaro

**SLOŽENÍ:**

- 1 lžička sušených květů heřmánku
- 1 lžička sušených semen fenyklu
- 3 celé hřebíčky
- 2 lžíce pražených vlašských ořechů
- 1 pomeranč, nejlépe bio
- 1 polévková lžíce sušeného kořene pampelišky
- 1 lžíce nasekané čerstvé máty
- 1 lžíce mletého čerstvého rozmarýnu
- 1 lžíce mleté čerstvé šalvěje
- 1 vanilkový lusk
- ½ lžičky koriandru
- 3 šálky vodky nebo Everclear (100 až 150 proof je nejlepší pro extrakci pryskyřic a hořkých sloučenin)
- 1 šálek vody
- 1 hrnek cukru

**INSTRUKCE:**

a) Vložte heřmánek, fenyklová semínka, hřebíček a opražené vlašské ořechy do papírového sáčku a několikrát na ně zaklepejte válečkem. Rozdrcené koření a ořechy dejte do čtvrtlitrové nádoby.

b) Pomocí škrabky na zeleninu odstraňte kůru z pomeranče (bez bílé dřeně) a nakrájejte kůru na tenké proužky.

c) Do sklenice přidejte pomerančovou kůru, kořen pampelišky, mátu, rozmarýn, šalvěj a vanilkový lusk.

d) Přidejte vodku nebo Everclear. Zamíchejte, přikryjte a označte etiketou s obsahem a datem. Nechte 6 týdnů louhovat na tmavém místě. Zaškrtněte si v kalendáři 6 týdnů dopředu, abyste jej nezapomněli napnout.

e) Po 6 týdnech sceďte tekutinu přes jemné sítko do čisté 1-litrové zednické nádoby. Pevné látky zlikvidujte.

f) Připravte si jednoduchý sirup zahříváním vody a cukru na středním plameni, dokud se cukr nerozpustí.

g) Přidejte teplý sirup (nebo jej nahraďte medem nebo javorovým sirupem) po ¼ šálku do bylinkové vodky, důkladně promíchejte a ochutnávejte, dokud nezískáte správnou kombinaci hořkého a sladkého pro vaši chuť.

h) Amaro bude s věkem měknout a chutnat stále lépe.

## 94.Artyčok List A Fenykl šťáva

**SLOŽENÍ:**

- 1 lžička artyčokových listů, jemně nasekaných
- 1 střední cibule fenyklu
- 4 čerstvé listy pampelišky
- 4 stonky celeru
- 1/2 cukety

**INSTRUKCE:**
a) Všechny ingredience odšťavněte, důkladně promíchejte a vypijte.
b) Pokud se vám zdá šťáva příliš hořká, zřeďte ji trochou minerální vody, dokud nebude chutnat.

## 95.Pikantní Ananas A Rukolou Mocktail

**SLOŽENÍ:**
- 4 malé chilli papričky habanero
- 4 lžíce medu
- 1 špetka mletého muškátového oříšku
- 1 libra pampeliškových listů
- 1 libra listů rukoly
- 8 uncí ananasové šťávy

**INSTRUKCE:**
a) V hrnci zahřejte habanero s medem, muškátovým oříškem a 4 uncemi vody, dokud směs nezhoustne.
b) Smíchejte směs habanero, listy pampelišky, rukolu, ananasový džus a 4 unce vody do hladka.
c) Scedíme a dáme do lednice do vychladnutí.
d) Směs nalijte do 4 sklenic a ihned podávejte.

## 96.Pampelišková limonáda

**SLOŽENÍ:**
- 1 šálek okvětních lístků pampelišky (pouze žluté části)
- 1 šálek čerstvě vymačkané citronové šťávy
- 1/2 šálku medu
- 4 šálky vody
- Ledové kostky

**INSTRUKCE:**
a) Smíchejte okvětní lístky pampelišky, citronovou šťávu, med a vodu ve džbánu.
b) Míchejte, dokud se med nerozpustí.
c) Dejte na několik hodin do lednice.
d) Podávejte na ledu. Jedinečná a květinová limonáda!

## 97. Víno Bradbury Pampeliška

## SLOŽENÍ:
- 6-8 šálků pampelišek, lehce zabalené
- 1 galon vody
- 3 libry cukru nebo 3 ½ libry. Miláček
- 1 lžička kvasnicová živina
- ¼ lžičky tanin
- 3 lžičky. směs kyselin nebo šťáva ze 2 čerstvých citronů
- 1 Campdenova tableta, drcená (volitelně)
- 1 balíček šampaňského nebo kvasnic Montrachet

## INSTRUKCE:
a) Pampelišky sbírejte v oblasti, která není znečištěná výfukem z auta nebo psa. To nemusí být snadné, protože pampelišky milují narušenou půdu, jako jsou okraje silnic. Ujistěte se, že pampelišky nebyly postříkány herbicidem.
b) Sbírejte tyto a všechny květiny, když jsou v plném květu a ranní rosa uschne. Tehdy je vůně nejlepší.
c) Jejich vybírání je trochu zdlouhavé, protože jsou nízko u země, ale nasaďte si chrániče kolen a jděte do toho. Víno za to stojí.
d) Většina lidí si neuvědomuje, jak jsou pampelišky voňavé. Jsou moje oblíbená květina.
e) Poté, co je utrhnete, odstraňte všechny zelené části, zejména stonek, který je hořký. Zpracujte je co nejdříve, bez praní, abyste zachovali jemnou vůni. Víno nebude žluté. Mnoho lidí si myslí, že by to tak mělo být, ale není. Ve skutečnosti ta barva opravdu není vůbec úžasná. Chuť je.
f) Uchovávejte pampeliškové víno rok předtím, než ho vypijete. Líbí se mi to suché suché suché. Stabilizujte a oslaďte, pokud si myslíte, že se v tom budete cítit jinak. Přečtěte si knihy pana Bradburyho, ale buďte opatrní, pokud s ním nebudete sdílet výtah.

## 98. Mátově zelené malinové smoothie

**SLOŽENÍ:**
- 1 ½ šálku pampelišky
- ¼ šálku nasekané máty
- 2 ½ šálků mražených malin
- 2 vypeckované datle Medjool (namočené a změkčené)
- 2 lžíce mletého lněného semínka
- ½ šálku vody

**INSTRUKCE:**
a) Začněte vodou, přidejte všechny ingredience a míchejte, dokud se nespojí.

## 99.Pikantní šťáva z pampelišky

**SLOŽENÍ:**
- 1 žárovka radicchio
- 1 svazek pampelišky
- 1 svazek čerstvého koriandru
- 1 limetka
- Špetka kajenského pepře

**INSTRUKCE:**
a) Ingredience zpracujte v odšťavňovači v souladu s pokyny výrobce.

## 100.Chutné tropické smoothie

**SLOŽENÍ:**
- ½ šálku mraženého kiwi
- ½ šálku mražené papáje
- 1 šálek mraženého manga
- 1 šálek mraženého ananasu
- 1 šálek pampelišky microgreens
- 1 šálek čerstvé pomerančové šťávy

**INSTRUKCE:**
a) Všechny ingredience smíchejte v mixéru a rozmixujte dohladka.

# ZÁVĚR

Na konci naší cesty světem pampeliškové kuchyně doufám, že se cítíte inspirováni k prozkoumání divoké stránky vaření a k využití kulinářského potenciálu této skromné, ale všestranné ingredience. "Kompletní pampelišková kuchařka" byla vytvořena s vášní pro zdravou a udržitelnou kuchyni, oslavující krásu a hojnost štědrosti přírody.

Až budete pokračovat ve svých kulinářských dobrodružstvích, pamatujte, že pampelišky jsou víc než jen plevel – jsou výživnou a chutnou složkou, která čeká na objevení. Ať už si vychutnáváte zářivý pampeliškový salát, popíjíte osvěžující pampeliškový čaj nebo si dopřáváte dekadentní pampeliškový dezert, každé sousto může být oslavou bohatosti a rozmanitosti přírodního světa.

Děkuji, že jste se ke mně připojili na této kulinářské cestě. Ať je vaše kuchyně vždy plná kreativity, vaše jídla jsou vždy zdravá a vaše uznání pro divokou stránku kuchyně stále roste. Dokud se znovu nepotkáme, přeji příjemné vaření a dobrou chuť!

www.ingramcontent.com/pod-product-compliance
Lightning Source LLC
Chambersburg PA
CBHW070403120526
44590CB00014B/1233